DEREK PRINCE

TUZAKLARDAN KORUNMAK

BELİRTİLER VE HARİKALARIN MAYIN
TARLASINDA YOLCULUK

GDK

GDK YAYIN NO: 205
KİTAP: Tuzaklardan Korunmak
ORİJİNAL ADI: Protection From Deception
YAZAR: Derek Prince
ÇEVİRMEN: Sezar İnceoğlu
KAPAK: Keğanuş Özbağ

ISBN: 978-1-78263-466-9
T.C. Kültür ve Turizm Bakanlığı Sertifika No: 16231

© **Gerçeğe Doğru Kitapları**
Davutpaşa Cad. Emintaş
Kazım Dinçol San. Sit. No: 81/87
Topkapı, İstanbul - Türkiye
Tel: (0212) 567 89 92
Fax: (0212) 567 89 93
E-mail: gdksiparis@yahoo.com
www.gercegedogru.net

Kutsal Kitap alıntıları, aksi belirtilmedikçe
Türkçe *Bible Server.Com*'dan yapılmıştır.

Baskı: Anadolu Ofset – Tel: (0212) 567 89 93
Davutpaşa Cad. Emintaş Kazım Dinçol San. Sit.
No: 81/87 Topkapı, İstanbul
1. Baskı: Kasım 2013

İÇİNDEKİLER

BÖLÜM 1

TANRI'NIN KUTSAL RUHU'NU ONURLANDIRALIM

Bu, üç mesajlı bir serinin ilkidir. Bu birinci kısımda, dünyanın değişik yerlerindeki birçok kilise içinde ortaya çıkan bir sorunu analiz etmeye gayret edeceğim. Diğer mesajda, sorunun nasıl ortaya çıktığını incelemeye gayret edecek ve üçüncü mesajda da bu sorunun yeniden ortaya çıkma ihtimaline karşı hangi yollarla kiliseyi savunabileceğimizi değerlendireceğim. Birinci mesajın başlığı şöyle: "Tanrı'nın Ruhu'nu Onurlandıralım."

Belirtiler ve Harikalar Gerçeği Belirlemezler

Son yıllarda belirtiler ve harikalarla ilgili dünya çapında bir patlama yaşanıyor. Bunların bazıları Kutsal Yazılar'a uygun ve yararlı idi. Bazıları ise tuhaf ve Kutsal Yazılar'la uyuşmayan şeylerdi. Belirtiler ve harikalar konusu yeni bir mevzu değildir. Bu konu, Kutsal Kitap'ın çeşitli bölümlerinde ve kilisenin farklı dönemlerinde kayda geçirilmiştir. Bununla birlikte; bu söz konusu patlama, herhangi bir kiliseyi ya da mezhebi de aşmış ve daha geniş bir şekilde hem dini hem de laik medyanın ilgisini alabildiğine çekmiş durumdadır.

Olağandışı belirtilere karşı herhangi bir kişisel önyargım ya da endişem olmadığını açıkça ifade etmek isterim. Aslında yaşamım boyunca bunların bazılarını kendim de yaşadım. Bunlar beni korkutmuyor. Bu belirtilere karşı olumsuz bir tavrım yok.

Kilisedeki Kargaşa adlı kitapçığımda da kayda geçirmiş olduğum gibi, 2. Dünya Savaşı sırasında İsa'yla kişisel karşılaşmam hiç de klasik bir şekilde gerçekleşmedi. Gecenin bir yarısında, Britanya Ordusuna ait bir kışlada yerde sırtüstü yatarak, acılar içinde hıçkırıklarla ağlayarak geçen bir saatten fazla bir süreden sonra, gürültüsü artarak devam eden bir gülme nehrinde yüzmeye başladım.

Ertesi sabah kendimi bambaşka biri olarak buldum. Değişmiştim, ama bu kendi irademden kaynaklanan herhangi bir eylemden dolayı değil, içime akan doğaüstü güç aracılığıyla oldu.

Daha sonra, Kutsal Kitap'ta gülmekten söz eden çeşitli bölümlere baktım. Şaşırtıcı şekilde gülmenin, bizim düşündüğümüz gibi –Tanrı'nın halkı için– öncelikli olarak komik bir şeye verilen bir tepki değil, daha çok düşmanlarımıza karşı kazanılan zaferin bir ifadesi olduğunu fark ettim. Aslında Mezmur 2:4'te Davut Tanrı'nın kendisini bile gülerken tasvir ediyor:

"Göklerde oturan Rab gülüyor, onlarla eğleniyor."

Burada Tanrı'nın gülüşü, dünyada meydana gelmekte olan bir komediye karşı verilen bir tepki değil, daha ziyade Allah'ın amaçlarına karşı gelme küstahlığını gösteren gülünç durumdaki insancıklara karşı verdiği bir tepkidir. Bu O'nun, kötünün tüm güçleri üzerinde kazandığı zaferinin bir ifadesidir.

Bizim ve kendisinin düşmanları üzerindeki zaferini paylaşabilelim diye Tanrı bazen bizi kendi gülüşüyle doldurur.

Sonraları Londra'da beş katlı bir binanın en üst katında toplanan bir topluluğa çobanlık etmeye başladım. Bir akşam bu toplantılardan birinde topal bir adam mucizevi bir şekilde iyileşti ve koltuk değneklerini elinden fırlatıp attı. Aramızda kendiliğinden başlayan bir övgü patlaması meydana gelmişti. O anda, bina Tanrı'nın kudretiyle titremeye ve sallanmaya başladı. Övgüler ve sallanma yaklaşık otuz dakika sürdü.

Elçilerin İşleri 4:31'de bizimkine benzer böyle bir olayı ilk kilisenin de yaşadığından bahsedildiğinin farkına vardım:

"Duaları bitince toplandıkları yer sarsıldı. Hepsi Kutsal Ruh'la doldular ve Tanrı'nın sözünü cesaretle duyurmaya devam ettiler."

Tam o günlerde topluluğumuz Londra sokaklarında her hafta bazı müjdeleme toplantıları düzenliyordu ve bunun için kesinlikle doğal cesaretten fazlasına ihtiyacımız vardı. Ne tür bir belirti olursa olsun, bunlara karşı daima sormak istediğim iki soru vardır. Birincisi: Bu belirti Tanrı'nın Kutsal Ruhu'ndan mı? Yoksa başka bir kaynaktan mı geliyor? İkinci soru ise şu (bu da diğer soruyla alakalı): Söz konusu belirti Kutsal Kitap ile uyumlu mu?

2. Timoteos 3:16'da Pavlus şöyle diyor: *"Kutsal Yazılar'ın tümü Tanrı esinlemesidir."* Başka bir deyişle, Kutsal Ruh tüm Kutsal Kitap'ın yazarıdır ve Kendisi ile çelişkiye düşecek ne bir şey söyler ne de bir şey yapar. Gerçekten Kutsal Ruh'tan gelen tüm açıklamalar, her ne olursa olsun Kutsal Kitap ile ahenk içinde olacaktır.

Şimdi söze İsa'nın bazı uyarılarıyla başlamak istiyorum; özellikle de içinde yaşadığımıza inandığım son günlerle ilgili olanlarına... Bu uyarılar kandırılmayalım diye yapıldı. Bunlar Matta 24. bölüm, 4., 5., 11. ve 24. ayetlerde bulunur. Başka bir deyişle, İsa 21 ayette 4 kez çağın bitişiyle ilgili dönem konusunda aldanmaya karşı bizi özellikle uyarır.

İsa'nın tekrar gelişinin yolunu açacak olan olaylara ilişkin söylediği ilk şeyi Matta 24:4'te görüyoruz: *"Sakın kimse sizi saptırmasın!"* 5. ayet: *"Birçokları, 'Mesih benim' diyerek benim adımla gelip birçok kişiyi aldatacaklar."* 11. ayet: *"Birçok sahte peygamber türeyecek ve bunlar birçok kişiyi saptıracak."* Ve sonra 24. ayet:

"Çünkü sahte mesihler, sahte peygamberler türeyecek; bunlar büyük belirtiler ve harikalar yapacaklar. Öyle ki, ellerinden gelse, seçilmiş olanları bile saptıracaklar."

Böylece İsa bizi aldanmaya karşı dört kez uyarır. Her kim bu uyarıya aldırış etmez ya da hafife alırsa, bunu kendi ruhunu riske atma pahasına yapmış olur.

Bu son günlerde bizi bekleyen en büyük tehlike hastalık, fakirlik ya da baskılar değildir. En büyük tehlike aldanmaktır. Eğer biri "Bu benim başıma asla gelmez" derse bu zaten o kişinin başına gelmiş demektir. Çünkü bu kişi İsa'nın olacak dediği şeyin asla olmayacağını söylemektedir. Bu tarz bir söylem böylesi bir kişinin aldanmış olduğuna dair yeterli bir göstergedir.

Şimdi de belirtiler ve harikalar hakkında önemli bir şey söylemek istiyorum. Bunlar gerçeği belirlemezler. Bunu anlamamız oldukça önemlidir. **Belirtiler ve harikalar gerçeği belirlemezler!** Gerçek çoktan belirlenmiş ve yapılandırılmıştır, gerçek Tanrı'nın Sözü'dür. Yuhanna 17:17'de İsa, Baba'ya dua eder ve şöyle der: *"Senin sözün gerçektir."* Ve Mezmur 119:89'da mezmur yazarı şöyle demiştir: *"Ya RAB, sözün göklerde sonsuza dek duruyor."* Yeryüzünde meydana gelen hiçbir şey Tanrı'nın Sözü'ndeki en küçük bir işareti ya da bir harfi değiştiremez. O göklerde sonsuza kadar duracaktır.

Evet, Kutsal Kitap belirtiler ve harikalardan bahseder. Söylediği şeylerin bazıları iyi bazıları ise oldukça ürkütücüdür. 2. Selanikliler 2. bölüme dönüp birkaç ayet okumak istiyorum. 9. ayetten başlayalım:

"Yasa tanımaz adam [Mesih karşıtının unvanı], *her türlü mucizede, yanıltıcı belirtilerle harikalarda ve mahvolanları aldatan her türlü kötülükte sergilenen Şeytan'ın etkinliğiyle gelecek. Mahvolanlar, gerçeği sevmeye ve böylece kurtulmaya yanaşmadıklarından mahvoluyorlar. İşte bu nedenle Tanrı yalana kanmaları için onların üzerine yanıltıcı bir güç gönderiyor. Öyle ki, gerçeğe inanmayan ve kötülükten hoşlananların hepsi yargılansın."*

Burada Pavlus, yanıltıcı belirtilerle harikaların varlığından söz ediyor. Gerçek belirtilerle birlikte yanıltıcı belirtiler de vardır. Gerçek belirtiler gerçeği tasdik eder. Yanıltıcı belirtiler ise yalanları tasdik eder. Şeytan doğaüstü belirtiler ve harikalar konusunda tamamen donanımlıdır. Maalesef Karizmatik hareketteki birçokları, bir şey doğaüstüyse mutlaka Tanrı'dan olmalı şeklinde bir tavra sahiptirler. Kutsal Kitap'ta böylesi bir varsayımın temelini oluşturacak herhangi bir şey yoktur. Şeytan da yalanlarını doğrulamak için güçlü belirtiler ve harikalar yapma yeteneğine sahiptir. Böylesi kişilerin aldanmalarının sebebi *"onların gerçeğin sevgisini almamış olmalarıdır."* Böylelerinin üzerine Tanrı *yanıltıcı bir güç* gönderecektir.

Kutsal Kitap'taki en ürkütücü ifadelerden biri de budur. Eğer Tanrı size *yanıltıcı bir güç* gönderirse bu güç sizi yanıltacaktır. Bu kişilere *yanıltıcı bir güç* gönderme yargısı, sanırım Tanrı'nın Kutsal Kitap'ta kayda geçirilmiş en ağır yargılarından birisidir. Bu insanlar yargılanacaklar, çünkü *"gerçeğe inanmadılar ve kötülükten hoşlandılar."*

Öyleyse belirtiler ve harikalar herhangi bir şeyin doğru olduğunun garantisi değildirler. Gerçeği bilmenin bir tek emin yolu vardır. O da Tanrı'nın Sözü'ndedir. İsa Mesih Yuhanna 8:32'de

12

şöyle der: "*Gerçeği bileceksiniz ve gerçek sizi özgür kılacaktır.*" Çağın sonuna gelinen bu günlerde Tanrı'nın Sözü olan Kutsal Kitap'ı bilmek ve uygulamaktan başka bizi yanılgıdan kurtaracağına emin olabileceğimiz emniyetli başka bir yol yoktur.

1994 yılında, ilk kez bu belirtilerin meydana geldiği gruplardan biriyle doğrudan temasa geçtim. Bir takım önderler bu grubun birkaç toplantısına gitmiş ve çok heyecanlı bir şekilde geri dönmüşlerdi. Harika bir şey yaşadıklarını ve hepimizin bunu yaşaması gerektiğini söylüyorlardı. Söyledikleri şu anlama geliyordu: "Bunu sınamanıza gerek yok. Denemeyin de... Denetlemeyin de... Kendinizi sadece buna açın ve alın." Bu tür bazı konular hakkında gerçek manada ilk kez o zaman şüphelenmeye başlamıştım çünkü bu tür bir ifade Kutsal Kitap'a tamamen tersi.

1. Selanikliler 5:21'de Pavlus Hristiyanlara şöyle diyor: "*Her şeyi sınayın, iyi olana sımsıkı tutunun.*" Demek ki, eğer sınamıyorsak Kutsal Kitap'a itaatsizlik etmiş oluyoruz ve bize sınamamamızı salık veren kişi de Kutsal Kitap ile uyumlu yaşamıyor demektir.

Gerçeğe ulaşmak için yüreğimize güvenemeyiz. Özdeyişler 28:26 şöyle der: *"Kendine güvenen akılsızdır."* Akılsız olmayın. Kendi yüreğinize bel bağlamayın. Yüreğinizin size söylediklerine güvenmeyin çünkü yürek güvenilir **değildir**. Yeremya 17:9'da da peygamber şöyle der:

"Yürek her şeyden daha aldatıcıdır, iyileşmez, onu kim anlayabilir?"

Aldatıcı ifadesinin İbranice karşılığı çok ilginç bir sözcüktür. 1946 yılında Kudüs'teki İbrani Üniversitesi'nde misafir öğrenci olarak İbrani lisanının doğası (veya yasaları) hakkında öğrenim görüyordum. Bu konuda baş profesör olan öğretmenimi Yeremya 17:9 üzerine konuşurken dinliyordum. "Yürek her şeyden daha aldatıcıdır." Profesör, *aldatıcı* kelimesinin bu kullanım şeklinin edilgen değil de etkin olduğunu gösteren birçok mantıklı neden ortaya koydu ama ben bunları İbraniceden naklederek gösteremem. Bu ifade yüreğinizin aldanmış olduğu anlamına gelmiyor. Aslen yüreğinizin sizi aldattığını ve bu yüzden de kendi yüreğinize güvenemeyeceğinizi ifade ediyor.

Profesör kendi yüreğimizle ilgili gerçeği keşfetmenin ne anlama geldiği hakkında çok canlı bir resim çizmişti. Bunu birinin soğanı soymasına benzetmişti. Soğanın katmanlarını soydukça soyarsınız, ancak son katmana gelip gelmediğinizi asla bilmezsiniz – ve tüm bu süre zarfında gözlerinizden hep yaş akar. İşte, gerçek konusunda yüreğime güvenmemem için yapılan ve Kutsal Kitap'tan gelen uyarıyı canlı bir şekilde resmeden bu örnek 50 yıl boyunca benimle birlikte yaşadı. Gerçeğin tek bir kaynağı vardır ve o da Kutsal Kitap'tır.

Farklı Öğretilerin Karışımı
Karmaşa ve Bölünme Yaratır

Bu fenomen/akım (ya da adına ne derseniz deyin) hakkında, kısmen kişisel gözleme kısmen de güvenilir olduklarına inandığım kaynaklara dayanarak kısaca özetlemek istiyorum. Yapacağım özet çok basit: Bu karışımda hem Kutsal Ruh hem de kutsal olmayan ruhlar vardır. Hepsi iç içe geçmiştir.

Levililer 19:19'da Tanrı bizi bu tür bir karışım konusunda uyarıyor. Tanrı karışıma karşıdır.

O'nun söylediği şudur: *"Kurallarımı uygulayın. Farklı cinsten iki hayvanı çiftleştirme. Tarlana iki çeşit tohum ekme. Üzerine iki tür iplikle dokunmuş giysi giyme."* Tanrı bizi üç şeye karşı uyarıyor: Farklı cinsten hayvanları çiftleştirmemek, tarlaya farklı çeşitte tohum ekmemek ve farklı türden kumaşlarla yapılmış giysi giymemek.

Farklı çeşitte tohumlar ekmek, ilettiğimiz haberin bir kısmının doğru bir kısmının da hatalı olduğuna bir örnektir. Farklı türden kumaşlarla yapılmış giysi giymek, kısmen Kutsal Kitap'a uygun kısmen de bu dünyaya göre olan bir yaşayışı temsil eder. Birbirine zıt cinsten farklı hayvanların çiftleşmesine izin vermek ise Hristiyan bir topluluğun ya da grubun kendisini Hristiyan olmayanlarla aynı kefeye koyması demektir.

Böylesi ilginç bir çiftleştirmeden çıkan sonuç daima verimsiz olur ve ürün vermez. Örneğin, bir atla bir eşeği çiftleştirebilirsiniz ve bunun sonucunda bir katır ortaya çıkar. Ancak katırlar kısırdır; yavrulayamazlar. Sanırım Hristiyan dünyasında bu kadar çok "kısır" hizmetlerin olmasının bir nedeni de budur (çünkü kendilerini yanlış eşle birleştiriyorlar).

Ruhların karıştırılması meselesini dikkatlice gözlemledim ve bu durumdan dolayı üzücü deneyimlerim oldu. Bunun Kutsal Kitap'ın bizi uyardığı konulardan biri olduğunu gördüm. Mesela, farklı ruhlara izin vermiş Kutsal Kitap karakterlerinden biri olan Kral Saul'da farklı ruhların karışımı vardı. Bir defasında Kutsal Ruh'ta peygamberlik etmiş olan Saul daha sonra bir cinin etkisinde peygamberlik etmiştir. Bu adamın kariyeri gerçekten de ibretliktir. Saul, kırk yıl krallık etmiş başarılı bir komutandı. Birçok başarısı oldu. Ancak bu karışım onun felaketi oldu ve yaşamı trajik bir şekilde son buldu. Ölmeden önceki son gecesinde bir büyücüye danıştı ve ertesi gün savaş alanında intihar etti. Kuşkusuz bu olay, hayatlarımızda herhangi bir ruhsal karışıma yer vermememiz için bize bir uyarıdır.

Ruhsal karışımın iki çeşit sonucunun olduğunu gözlemledim: Önce karmaşa ve sonra bölünme. Varsayalım, bir kısmı doğru bir kısmı ise yanlış ruhsal mesajlar içeren bir haber veya bilgi iletiyoruz. İnsanlar buna iki şekilde tepki verebilirler. Bazları mesajımızdaki iyi olan tarafı görüp ona odaklanır ve dolayısıyla yanlış olanı da kabul etmiş olurlar. Bazıları da yanlış olana odaklanır ve böylece iyi olanı reddetmiş olurlar. Her iki durumda da Tanrı'nın amaçları gerçekleşmez.

Uzun bir zaman önce pastörlük görevinde bulunmuştum. Ancak, ilgilenmesi en zor insanların kendilerinde ruhsal bir karışım olan insanlar olduğunu hatırlıyorum. Size küçük, hayali bir örnek vereceğim. Varsayalım, topluluğumuzda Jones diye bir kız kardeş var. Bir Pazar günü herkesi coşturan, heyecanlandıran bir peygamberlik mesajı verir. Fakat iki Pazar sonra ayağa kalkıp rüyasında gördüğü bir görümü paylaşır. Devam ettikçe kendisi de mesajı da kafa karıştırıcı bir hal alır. Sonunda, pastör olarak ona: "Kız kardeş Jones, teşekkür ederim ama bu mesajın gerçekten Rab'den geldiğine inanmıyorum" demem gerekir ve o yerine oturur (ama olay orada bitmez).

Toplantımızdan sonra Kız kardeş White bana gelip şöyle der: "Prince Kardeş, Kız kardeş Jones ile nasıl bu şekilde konuşabildin? İki Pazar

18

önce paylaştığı o güzel peygamberliği hatırlamıyor musun?" Kız kardeş White gider gitmez Black Kardeş gelip bana "Eğer bu tür görümlerden bahsedecekse onun peygamberliklerini bir daha dinlemeyeceğim!" der.

Ne olduğunu gördünüz mü? Karmaşa ve karmaşadan doğan bölünme. Kiliselerde yaşanmakta olanın tam olarak bu olduğuna inanıyorum: Bölünmeyle sonuçlanan karmaşa. Kiliselerde çok büyük bölünme olduğu muhakkak! Kafa karışıklığının daima bölünmeye yol açacağına inanıyorum.

Kutsal Kitap, bize kötü olanın kiliseye saldırmasını hoş görme özgürlüğünü tanımıyor. Bu konuda pasif ve tarafsız olamayız. Özdeyişler 8:13 şöyle der: *"RAB'den korkmak kötülükten nefret etmek demektir."* Kötülük konusunda taviz vermek bir günahtır. Kötülüğe karşı tarafsız kalmak da bir günahtır. Yuhanna 10:10'da İsa hırsıza benzettiği ve "çalmaya, öldürmeye ve yok etmeye gelen" Şeytan hakkında konuştu. İster bireysel yaşamlarımızda ister topluluğumuzda olsun, Şeytan'ın yalnızca şu üç maksat için geldiğini hatırlamalıyız: *Çalmak, öldürmek ve yok etmek.*

Kötü bir ruhtan kurtulmaya ihtiyacı olan biriyle birçok kez konuştuğumu ve ona şöyle dediğimi hatırlıyorum: "Unutma, Şeytan üç şey için senin hayatında: Çalmak, öldürmek ve yok etmek. Tarafsız kalmamalı ve ona karşı koymalısın." Birey için geçerli olan şey topluluk için de geçerlidir. Dolayısıyla Mesih'in tüm dünyadaki bedeni için de geçerlidir.

Bu belirtilerin bazıları John Wesley, George Whitefield, Jonathan Edwards ve Charles Finney'nin ruhsal hizmetlerine eşlik eden –olağandışı– belirtilerle kıyaslanmışlardır. Şüphesiz ki bu dört adamın ruhani hizmetleri boyunca olağandışı belirtiler olmaktaydı. Bunların bazılarını bizzat inceledim, ancak bana kalırsa bugünkü durumla o dönem arasında benzerlikten daha çok büyük farklar bulunmaktadır. Size bunlardan üçünü göstermeme izin verin:

Öncelikle şunu belirteyim, bu adamların hepsi Tanrı'nın Sözü'nü güçlü bir şekilde vaaz etme konusunda donanımlı kişilerdi. Tanrı Sözü'nü vaaz etmeden neredeyse hiçbir şey yapmayan bu adamlar, Tanrı Sözü'nü vaaz etmekten başka hemen hiçbir şeyle uğraşmazlardı. Finney'nin kendisi bir yerde hizmetine ilişkin şöyle demiştir: "Genelde bir ya da iki saat konuşurdum." Bugün kaç modern Hristiyan iki saatlik bir vaazı dinleyebilir bilemiyorum, ancak Finney Söz'ü tüm saflığı ve gücüyle vaaz ediyordu.

İkinci fark: Bu adamlar insanları güçlü bir şekilde tövbeye çağırıyorlardı. Hizmet ettikleri bütün insanlardan ilk talepleri buydu. Bugün gördüğümüz şeyi bazı insanlar "bir yenilenme" olarak adlandırıyorlar. Ancak Elçilerin İşleri 3:19'da Petrus tövbenin *yenilenme*'den **önce gelmesi** gerektiğini söylüyor. Tövbeyi es geçen bir *yenilenme* Kutsal Kitap'a uygun değildir.

Üçüncü fark ise, bu adamların hizmetlerinde ellerini insanların üzerlerine koyduklarına dair bildiğim kadarıyla hiçbir kaydın olmamasıdır. İnsanların üzerlerine el koymanın Kutsal Kitap'a uygun olmayan bir şey olduğunu söylemiyorum, ancak bazı farklar mevcuttur. Bazen insanlar vaaz edilen Tanrı Söz'ünü doğrudan kendileri alırlar ve bazen de bu durum, başkalarının insanların üzerine el koymasıyla gerçekleşir.

Basit bir örnek vermem gerekirse bunu yağmura benzetebilirim. Eğer dışarıda, açık bir yerdeyseniz ve yağmur üstünüze yağıyorsa, kendi yağmurunuzu doğrudan gökten almış olursunuz. Fakat diyelim ki, yağmur suyu toplanıp bir sarnıca depolandı; bu durumda yağmuru doğrudan gökten almış olmazsınız. Böyle bir durumda yağmurun size sarnıç ve su boruları aracılığıyla geldiğini hesaba katmalısınız.

Bu benim için gerçekten çok canlı bir örnektir, çünkü ilk eşim Lydia ve ben Kenya'da suyumuzun çatıda depolanıp beton sarnıçlara yönlendirildiği bir evde beş yıl yaşadık. Su gökten geliyor olsa da sarnıçta belli bir süre kaldıktan sonra içinde kurtların yaşamaya başladığını tecrübelerimizden çabukça öğrenmiştik. Sonuç olarak da içme suyumuzu her zaman kaynatmaya mecbur kalıyorduk. Yağmur gökten aşağıya inerken içinde hiçbir pislik barındırmıyordu, ne oluyorsa yağmurun içinden geçtiği kanalda oluyordu ve bu yüzden de su artık temiz ve saf değildi. Bana kalırsa bu durum, dua için birisinin üzerine el koyma konusunda da geçerlidir. Çünkü el koymak her zaman saf olamayabilen bir kanaldır.

Son zamanlarda bazı önderler el koyma eylemini gerçek anlamından daha farklı olarak el sallamak ya da işaret etmek gibi bir eyleme taşıdılar. Ancak bu, eller aracılığıyla bir şeyin aktarıldığı gerçeğini değiştirmez. Aksi takdirde elleri kullanmanın hiçbir anlamı olmazdı. Hayati soru hala cevaplanmayı bekliyor: O eller yalnızca Kutsal Ruh'un akmasına aracılık edebilecek saf araçlar mı?

Örnek vermem gerekirse, Ruth ve ben, oldukça yakın bir tarihte, bahsetmekte olduğum bu akıma derin bir şekilde dalmış olan önderlerin bulunduğu bir toplantıdaydık. O anda korkunç bir sıkıntı yaşamakta olan bir kadının iki sıra arkasında oturuyorduk. Sanki sürekli olarak geğirmeğe ya da kusmaya çalışan biri gibi davranıyordu ve kadın bunu yapmaya uzun süre devam etti. En sonunda Ruth'a "Sanırım ona yardım etmeye çalışmamız lazım" dedim.

Herhangi bir sorumluluğumuz olan bir toplantı olmamasına rağmen, sessizce ona yaklaştık ve onunla konuşmaya başladık. Kadının dillerle konuştuğunu hemen fark ettik. Ancak her ikimiz için de bu kadının konuştuğu dilin sahte bir dil olduğu ve Kutsal Ruh'tan olmadığı açıktı. Onu İsa'nın Rab olduğunu ikrar etmeye teşvik ettik, ancak kadın ne buna istekliydi ne de yapabildi. Böylece onda sahte bir ruhun olduğu sonucuna vardım.

Daha sonra onunla birlikte gelen kişiler gelip bizimle konuştular ve onun için ne yapmaları gerektiğini sordular. Onlara "Bu nasıl oldu?" diye sordum. Bana "Bu akıma bulaşmış olan bir kiliseye gitti ve birisi onun üzerine el koydu. O günden beri de bu şekilde davranıyor. Ama o bunun Tanrı'dan olduğuna ikna olmuş durumda ve ona yardım edemiyoruz" dediler. Temiz olmayan bir "sarnıçtan" akan "yağmura" ne kadar da uygun bir örnek!

Bahsettiğimiz bu akım içinde sevgi üzerine oldukça büyük bir vurgu yapılmaktadır. Sevginin en önemli şey olduğunda hemfikirim. Ancak insanlar sevginin doğasını Yeni Antlaşma'da açıklandığı şekilde algılamakta sorun yaşıyorlar. Öncelikle, içimizdeki sevgiyi Rab'be itaat ederek gösteririz. İtaat ile sonuçlanmayan sevgi ne tür bir sevgi olursa olsun Kutsal Kitap'a uygun değildir.

Yuhanna 14:15'te İsa öğrencilerine şöyle diyor: *"Beni seviyorsanız, buyruklarımı yerine getirirsiniz"* hatta muhtemelen daha iyi başka bir çeviride, *"Buyruklarımı yerine getireceksiniz"* diyor. Yani başka bir deyişle O'nu sevdiğinizi gösteren kanıt nedir? Kanıt, O'nun buyruklarını yerine getirmektir. Daha sonra 21. ayette İsa şöyle diyor: *"Kim buyruklarımı bilir ve yerine getirirse, işte beni seven odur."*

1. Yuhanna 5:3 ise şöyle diyor: *"Tanrı'yı sevmek O'nun buyruklarını yerine getirmek demektir."* Öyleyse, Tanrı Sözü'nde açığa çıkan Tanrı iradesine itaat ile sonuçlanmayan herhangi bir sevgi şekli Kutsal Kitap'a uygun değildir. Yalnızca gerçek sevginin yerini almış sahte bir sevgidir.

Tanrı'nın bize olan sevgisini ne yolla ifade ettiğini de değerlendirmek durumundayız. Evet, Tanrı Babamız'dır ve bizi sever. Ancak bir Baba olarak gerektiği zaman bizi disipline sokmaya da hazırdır. Vahiy bölümünde resmedilen ve Rab'den mesajlar alan yedi kilisenin içinde bana göre

Laodikya kilisesi günümüz Batı modern kilisesine en yakın olanıdır. Bu kiliseye Rab şöyle dedi: *"Ben sevdiklerimi azarlayıp terbiye ederim. Onun için gayrete gel, tövbe et"* (Vahiy 3:19).

Tanrı'nın sevgisi özensiz bir sevgi değildir. Duygulara dayanan bir sevgi değildir. Gerçekçi bir sevgidir. Eğer O'nun yollarından sapar ve itaatsizlik edersek, Tanrı'nın sevgisi bizdeki ifadesini azarlama ve terbiye etme şeklinde bulur. Ve Tanrı bize tövbe etmemizi buyurur. Buradaki problem yine Tanrı'nın vaat ettiği şeye uzanmaya çalışırken temel koşul olan tövbeyi es geçmemizdir (ve bu da bir aldanmadır).

Yakın zamanda Britanyalı bir Kutsal Kitap öğretmeninin şu yorumunu okudum:

"Bazı Hristiyanlar 'Tanrı sevgidir' metnini alırlar ve onu 'Sevgi Tanrı'dır' anlamına gelecek şekilde uyarlarlar. Başka bir deyişle, sevgiden kaynaklandığı sürece hiçbir şey yanlış olamaz. Ancak Tanrı'yla aramızı açan her tür sevgi Tanrı'nın yasalarına aykırıdır..."

Bunun gibi bizi Tanrı'nın Söz'üne itaat etmekten saptıran her tür sevgi Tanrı'nın yasalarına karşıdır.

Kutsal Ruh'un Kimliği

Hakkında bütün bu şeyleri konuştuğumuz bu evrensel fenomenin altında yatan ve sıklıkla güç anlaşılan merkezi bir konu var. Aslında bizler çok nadiren bu konuyla karşı karşıya geliriz. Bu konu **Kutsal Ruh'un kimliğidir.** Kutsal Ruh'u nasıl tanırız? Kutsal Ruh'un neye benzediğini nasıl bilebiliriz? Ve Kutsal Ruh'u diğer ruhlardan nasıl ayırt edebiliriz?

Yakınlarda New Age (Yeni Çağ) akımına mensup bir kadının bir açıklamasını okudum. Bu açıklamada kadın şöyle diyordu: "Kutsal Ruh geldiği zaman, Yeni Çağ aramızda olacaktır." Pek tabii sizlerden birçoğunun da, kutsal ruhtan bahseden bu kadının aslında Kutsal Kitap'ın anlattığı Kutsal Ruh'tan söz etmediğini anladığınıza eminim. **Sahte bir kutsal ruh**un var olduğuna dair çeşitli göstergelerden biri de budur.

Dinsel bir sahtecilik yaratmak Şeytan için yeni bir şey değildir. İsa'nın günlerinden bu yana, tarih Yahudiler içinden çıkan birçok mesihi kayda geçirmiştir. Bunların her biri kendilerine takipçiler bulmuştu.

Öyleyse bizler hayatımıza sahte bir "kutsal ruhu" davet etmemek için tetikte olmalıyız. Size Kutsal Ruh'un kimliğini anlayabilmeniz ve Kutsal Ruh'u tanıyabilmeniz için üç yöntem önermek istiyorum.

İlk yöntemden yaklaşık iki yıl önce yazdığım küçük kitapçığım *Kilisede Kargaşa*'da söz ettim. Oradaki birkaç paragraftan alıntı yapacağım:

Doğaüstü âlemde hizmet edenleri tehdit eden diğer bir tehlike de ruhsal armağanları insanları etkilemek, istismar etmek ya da onlara egemen olmak için kullanma ayartılmasına düşmektir. Hizmetimin belirli bir zamanında, kendimi kiliseye gelen insanlardan büyücülük ruhlarını kovarken buldum. Sonuç olarak Rab'be büyücülüğün gerçek doğasını bana göstermesi için dua ettim.

Rab'bin bana büyücülüğü şu şekilde tanımladığına inanıyorum: Büyücülük, Kutsal Ruh dışında herhangi bir ruhu kullanarak insanları kontrol etme ve istediğin şeyi yapmalarını sağlama girişimidir.

Bunu özümsedikten sonra Rab şöyle ekledi: **Eğer birisi kullanabileceği bir ruha sahipse o Kutsal Ruh değildir. Kutsal Ruh Tanrı'dır ve hiç kimse Tanrı'yı kullanamaz...**

Bu çok önemlidir. Kutsal Ruh Tanrı'dır ve hiç kimse Tanrı'yı kullanamaz. İstediği gibi kullanmakta özgür olduğu ruhsal bir armağanı olduğunu söyleyen birini gördüğümde ya da duyduğumda ürperirim. Bu şekilde iddialarda bulunan bazılarının sonuçta ciddi öğretisel yanlışlıklara düşmesi kuşkusuz bir kaza değildir.

Bir Kişi olarak Kutsal Ruh'un Kendisi ile O'nun armağanları arasında bir fark olduğunu anlamak önemlidir.

Romalılara Mektup 11:29'da Pavlus bize *"Tanrı'nın armağanları ... geri alınamaz."* Başka bir deyişle, Tanrı bize bir armağan verdiğinde onu asla geri almaz. O armağanı kullanmak, kullanmamak ya da kötüye kullanmak bizim elimizdedir. Ancak kötüye bile kullansak Tanrı armağanını geri almaz. Aksi takdirde gerçek bir armağan olmaz, yalnızca koşullara göre geri alınabilecek olan bir avans olurdu.

İnsanların Kutsal Ruh'un armağanlarını kötüye kullandıkları bir gerçektir. Pavlus 1. Korintliler 13:1'de buna ilişkin açık bir örnek veriyor:

"İnsanların ve meleklerin diliyle konuşsam, ama sevgim olmasa, ses çıkaran bakırdan ya da çınlayan zilden farkım kalmaz."

Çınlayan zile dönen şeyin Kutsal Ruh'un kendisi olmadığı açıktır. Ancak dillerle konuşma armağanı (kötüye kullanıldığında) boş ve akortsuz bir sese dönüşebilir. Maalesef bu durum, Pentekostal ve karizmatik çevrelerde sık görülen bir şeydir.

Bana kalırsa Ruh'tan bilgi iletme ya da şifa verme gibi öteki ruhsal armağanların da kötüye kullanılması mümkündür. Böyle bir şey, bir kişinin bir ruhsal armağanı belli bir amaca ulaşmak ya da Tanrı'nın iradesine uygun olmayan bir akımı desteklemek için kullanması sonucunda olabilir. Bu konuda bir başka açık suistimal de kişisel kazançtır.

Böyle bir durumda imdadımıza yetişecek olan şey, Kutsal Ruh'u bir Kişi olarak tanıma yetisine sahip olmak ve O ve armağanları arasındaki farkları ayırt edebilmek olacaktır.

Öyleyse bu, Kutsal Ruh hakkındaki ilk ve en önemli gerçektir: O TANRI'DIR. O'na daima Tanrı olduğunu bilerek yaklaşmalı ve buna göre davranmalıyız.

Kutsal Ruh ile ilgili ikinci gerçek ise Baba Tanrı ve Oğul Tanrı'nın hizmetkârı olmasıdır. Bu heyecan verici bir belirtidir çünkü hizmetkârlığa yüksek bir değer katmaktadır. Bugün birçok kişi hizmetkâr olma fikrini küçümsemektedir. Bunun küçük düşürücü ve onuru olmayan bir şey olduğunu düşünürler. Bence hizmetkârlığın bu dünyada başlamamış olması harika bir şey. O sonsuzlukta ve Tanrı'da başladı. Kutsal Ruh Tanrı Baba ve Oğul'un Hizmetkârıdır. Bu O'nun değerini alçaltmaz ya da Tanrı'dan daha aşağıda bir şey yapmaz. Kutsal Ruh'un hizmetkârlığı O'nun hakkında bilmemiz gereken ve O'nun eylemlerini ve yaptığı her şeyi yönlendiren bir gerçektir.

Yuhanna 16:13-14'te İsa bize Kutsal Ruh'un hizmeti ve eylemleri hakkında kısa bir görüş sunmaktadır:

"Ne var ki O, yani Gerçeğin Ruhu gelince, sizi tüm gerçeğe yöneltecek. Çünkü kendiliğinden konuşmayacak, yalnız duyduklarını söyleyecek ve gelecekte olacakları size bildirecek. O beni yüceltecek. Çünkü benim olandan alıp size bildirecek."

Burada şunu görüyoruz: Kutsal Ruh kendiliğinden konuşmaz; kendisine ait şahsi bir mesajı yoktur. Bu kayda değer bir şey değil mi? Bize yalnızca Baba ve Oğul'dan duyduklarını iletir. İkinci olarak, amacı kendini yüceltmek ya da ilgiyi kendi üzerine toplamak değildir, O daima İsa'yı yüceltir ve ilgiyi hep O'nun üzerine çeker. Kutsal Ruh'u tanımlamanın ikinci önemli yolu da budur.

Şimdi şunu dikkatlice okumanızı istiyorum çünkü bu devrim yaratacak kadar önemli bir konudur. Odak noktası Kutsal Ruh olan ve Kutsal Ruh'u yücelten hiçbir ruh **Kutsal Ruh değildir**. Bu şekil bir davranış, Kutsal Ruh'un tüm doğasına ve amacına terstir. Bunu bir kez kavradığınızda gözleriniz, kilisede meydana gelmekte olan ve aksi takdirde anlaşılması çok zor olan birçok şeye açılacaktır.

Örneğin; çok güzel bir koromuz var ve bu koroda Baba, Oğul ve Kutsal Ruh ile ilgili bir ilahi söylüyoruz. İlahinin ilk dizesi Baba'ya şöyle sesleniyor: "Adını tüm yeryüzünde yücelt." İkinci dize Oğul İsa'ya, "Adını tüm yeryüzünde yücelt." diyerek devam ediyor. Üçüncü dize ise Kutsal Ruh'a, "Adını tüm yeryüzünde yücelt." diye sesleniyor. İlk iki dizeyi söylemeyi çok seviyorum, ancak üçüncü dizeye geldiğimde söylemeyi reddediyorum, çünkü bu sözlerin Kutsal Kitap'a uygun olduğuna inanmıyorum. Kutsal Ruh asla kendi ismini yüceltmez. O'nun amacı kendisini Gönderen'i yüceltmektir.

Sizi belki de şaşırtacak bir başka şey daha söyleyeyim. Kutsal Kitap'ın hiçbir yerinde Kutsal Ruh'a edilen bir duaya rastlamadım. Anlayabildiğim kadarıyla Kutsal Kitap'taki hiç kimse Kutsal Ruh'a dua etmedi. Kendiniz de bunu araştırırsanız tabii ki daha da iyi olur ancak ben dikkatlice bakmama rağmen böyle bir örnek bulamadım.

"Peki, neden böyle?" diye sorabilirsiniz. Ve ben de size şu cevabı veririm: Bu Göksel bir "protokol." Günümüzde dünyada protokollere o kadar az saygı gösteriliyor ki, gökte de belli bir protokol olduğunun farkına bazen varamıyoruz. Bu, efendi-hizmetkâr ilişkisine dayanan bir protokoldür. Böyle bir ilişkide, hizmetkârla ilgili bir durum söz konusu olduğunda bunu onunla değil efendisiyle konuşursunuz. Efendisinden, hizmetkârına yapması gerekeni söylemesini talep edersiniz. Efendisi sizinle konuşabilecek durumdayken doğrudan hizmetkârla konuşmanız yanlıştır.

Bence göklerin protokolü böyle bir şeydir. Kutsal Ruh'un Baba Tanrı ve Oğul Tanrı ile olan ilişkisini anladığınız zaman, Kutsal Ruh'a asla bir şey buyuramayacağımızı da anlamış olursunuz. Kutsal Ruh'un bir şey yapmasını istediğimizde bu isteğimizi Baba'ya veya Oğul'a sunarız.

Bu konuyu araştırırken, Hezekiel 37. bölümde ilk başta bir istisna olduğunu düşündüğüm bir şey buldum. Hezekiel'in içlerinde hayat olmayan kuru kemiklerle dolu vadi ile ilgili şu çok meşhur görümünden bir bölümdü bu. İlk başta Hezekiel peygamberlikte bulundu ve kemikler bir araya geldi, ancak hepsi hala birer ölü cesetti. Sonra 9. ve 10. ayetler şöyle devam ediyor:

Sonra bana şöyle dedi: "Rüzgâra peygamberlik et, insanoğlu, peygamberlik et ve de ki, 'Egemen RAB şöyle diyor: Ey rüzgâr, gel dört yandan es. Bu öldürülmüşlerin üzerine üfle ki canlansınlar!'" Böylece bana verilen buyruk uyarınca peygamberlik ettim. Onların içine soluk girince canlanıp ayağa kalktılar. Çok, çok büyük bir kalabalık oluşturuyorlardı."

"Soluk" kelimesinin tam olarak rüzgârı (ya da Kutsal Ruh'u) resmettiğini düşündüm. Yani Hezekiel rüzgâra dua ediyordu. Ama aslında dua etmiyordu. Peygamberlik ediyordu. Ve bu doğrudan Hezekiel'in bir talebi de değildi. O yalnızca Tanrı'nın kendisinden aldığı bir buyruğu rüzgâra iletmişti. Dolayısıyla kendi araştırmalarımdan keşfettiğim şey, Kutsal Kitap'ın hiçbir yerinde Kutsal Ruh'a dua etme ile ilgili bir tek örnek bile bulunmadığıdır.

Bu konuyu çok fazla büyütmek istemiyorum. Ancak diğer taraftan da Kutsal Ruh'un doğasını ve hizmetini iyi ayırt etmemizin çok önemli olduğunu düşünüyorum. Bana "Peki ama Kutsal Ruh'a dua ettiğimizde Tanrı duamızı duymuyor mu?" diyebilirsiniz. Sanırım duyuyor. Ama o zaman, göklerin protokolüyle tam bir ahenk içinde dua etmemiş oluyoruz. Eğer Rab'bi gerçekten memnun etmek ve O'na saygı göstermek istiyorsak O'nun protokolüne de saygı göstereceğiz.

Kutsal Ruh ile ilgili üçüncü önemli gerçek de Kutsal Ruh isminde bize neyin gösterildiğidir: **O Kutsal'dır**. Bu O'nun baş unvanıdır. İbranicede "Kutsallığın Ruhu" olarak geçer. Başka birçok unvanı da vardır: Örneğin, Lütuf Ruhu, Gerçeğin Ruhu, Kudretin Ruhu vs. Ama bunların tümü ikincil unvanlarıdır. O'nun adı ve baş unvanı Kutsal Ruh'tur. Kutsal olmayan hiçbir şey Kutsal Ruh'tan kaynaklanmaz.

Kutsal Kitap kutsallığın güzelliğinden de söz eder. Kutsal Ruh'tan kaynaklandığı sürece kutsallıkta güzellik vardır. İlle de dışsal bir güzellik olması gerekmez. İçsel bir güzellik olabilir. Örneğin, 1. Petrus 3:4'te Petrus, "gizli olan iç varlığımızdan" ve "sakin ve yumuşak bir ruhun solmayan güzelliğinden" söz eder. Böylesi bir güzellik Tanrı'nın gözünde çok kıymetlidir. Bu dışsal bir güzellik değil, Kutsal Ruh'tan gelen içsel bir güzelliktir.

Sonuç olarak şunu üzerine basa basa söylemek istiyorum: **Bayağı ya da çirkin hiçbir şey Kutsal Ruh'tan kaynaklanmaz.**

Size Kutsal Ruh ya da O'nun ürünü olan hiçbir şey için geçerli olmadığına inandığım 12 sıfat vereceğim. Ben bu listeden bahsederken size de bana bu konuda katılıp katılmadığınıza karar vermek için bunları zihninizde kontrol etmenizi tavsiye ediyorum. İşte Kutsal Ruh için asla kullanılamayacak sözcükler:

kendini yücelten	kendini empoze eden
bayağı	kaba
kandırıcı	utanmaz
duyarsız	aptal
budala	uçarı
değeri alçalmış	onur kırıcı

Yüreğimde, eğer Tanrı izin verir ve ben hayatta olursam, bir ara başlığını çoktan seçtiğim bir kitap yazma isteği var. Başlığı şu: *Kutsallık İsteğe Bağlı Değildir*. Bu kitabı yazma konusunda başarılı olup olamayacağımı yalnızca Tanrı bilir fakat her hâlükârda bu başlığın gerçeği tam olarak ifade ettiğini belirtmek isterim. Hristiyan yaşamında **kutsallık isteğe bağlı değildir**. Birçok Hristiyan, kutsallığı sanki arabalarına koydukları ek bir şey, normal plastik döşeme yerine koydukları deri döşemeymiş gibi görüyor. Ama bu doğru değil. Kutsallık kurtuluşun olmazsa olmaz bir parçasıdır. İbraniler 12:14'te yazar şöyle der: *"Herkesle barış içinde yaşamaya, kutsal olmaya gayret edin. Kutsallığa sahip olmadan kimse Rab'bi göremeyecek."* Bizi Rab'bi görmekten alıkoyacak bir kurtuluş gerçek kurtuluş olabilir mi? Kutsallık olmaksızın kimse Rab'bi göremeyecek.

Günümüz Batı Hristiyanlığında kurtuluş hakkında eksik bir tanıma sahibiz. "Eğer kurtulur ve yeniden doğarsam, sonra da devam edip kutsal olmak istersem bunu yapabilirim (ama bu bir seçenek)." Kurtuluşunuzun kutsal olmanıza bağlı olduğunu söylemek isterim. Ve kutsallık yalnızca Kutsal Ruh'tan gelir.

Kutsal Ruh'tanmış gibi görünen birçok durum vardır. Bunları seçerek kutsal olmayan şeylere örnek olarak gösterebilirim. Ancak şimdi sadece biri üzerinde duracağım: İnsanlardaki Kutsal Ruh'a atfedilen hayvan davranışları. Bu davranışlarla ilgili çok sayıda örnek bulunuyor. Bazılarına kendim şahit oldum, bazıları ise bana bildirilen olaylardı.

Öncelikle, Kutsal Kitap'ta Kutsal Ruh'un herhangi bir insanı hayvan gibi davranmaya yönelttiğini gösteren benim bildiğim hiçbir bölüm olmadığını belirtmek isterim. Balam'la ilgili bir örnek vardır ancak bu durum bahsettiğimiz şeyin tam olarak zıttıdır. Tanrı, Balam'ın eşeğinin insan gibi konuşmasını sağladı (Balam'ın eşek gibi anırmasını değil)!

Tanrı'nın hayvan gibi davranmasını sağladığı bir adam vardı: Nabukadnessar.

"İnsanlar arasından kovuldu. Öküz gibi otla beslendi. Bedeni göğün çiyiyle ıslandı. Saçı kartal tüyü, tırnakları kuş pençesi gibi uzadı." (Daniel 4:33)

Ancak bu Tanrı'nın yargısıydı, kutsayışı değil!

Vahiy 4:6-8 Tanrı'nın tahtının çevresinde duran yaşayan dört yaratığı tasvir eder. Bunlardan üçü "hayvan" krallığının temsilcileri konumundadırlar: Bir aslan, bir dana ve bir kartal. Fakat hiçbiri "hayvansal" doğalarını gösteren herhangi bir ses çıkarmazlar. Hepsi birden benzer şekilde saf ve güzel bir hitapla Tanrı'nın kutsallığını ilan ederler.

Tanrı'nın yaratışında bir düzen olduğunu anlamak mühimdir. İnsan hayvanlar âlemi üzerinde yetki sahibi olsun diye Tanrı'nın suretinde ve benzerliğinde yaratıldı (bkz. Yaratılış 1:26). Aslında insan, Yaratılış bölümünün başında açıklandığı üzere yaratılışın en yüksek düzenidir.

Kutsal Ruh'un bizi kutsamasında bunun etkisi vardır. O kutsadıklarını yükseltir. Kutsal Ruh bazen bir hayvanın insana benzer davranışlar göstermesini sağlayabilir. Ancak hiçbir zaman bir insanı bir hayvan gibi davranmasına yol açacak şekilde alçaltmayacaktır.

Bu alanda belirli bir tecrübem var. Çünkü Afrika'da birçok kez hayvansal ruhlarla karşılaştım. Özellikle de Zambiya'da yaptığım, yaklaşık 7,000 Afrikalının bulunduğu bir özgürleştirme hizmetini hatırlıyorum. Öğretiyi bitirip de kötü ruhlara kendilerini açığa çıkarıp insanlardan çıkmalarını emretmeye başladığımda pek çok tür hayvansal ruh bulundukları yerden çıkmışlardı. "Hayvansal ruh" derken, insanların içine giren ve onların hayvan gibi davranmasına yol açan kötü ve şeytani ruhlardan söz ediyorum.

Bu sırada ilk başıma gelen şey içinde "aslan ruhu" olan bir adamın bana saldırmaya çalışması oldu. Ama birisi ona çelme takarak bunu engelledi ve adam bana ulaşamadı.

Şunu bilmelisiniz ki, Afrika'nın bu bölgesindeki insanlara bu kadar fazla hayvansal ruh girmesinin sebebi pek çoğunun hayvan avcısı olmasıdır. Sahip oldukları batıl bir inanca göre, bir hayvanı başarılı şekilde avlayabilmek için o hayvanın ruhunu içinize almalısınız. Böylece avcı olan kişi avlamaya çalıştığı hayvanın ruhunu içinde barındırmaya doğru yönelir. Örneğin, aslan avlayan bir adam, aslan ruhuna sahip olacaktır.

Bunun gibi daha birçokları var. İçlerindeki yaban domuzu ruhunun, onları yaban domuzlarının yaptığı gibi toprakta bir şey aramak için burunlarıyla çukur kazmalarına yol açtığı insanlarla uğraştık. Bir de çok fazla yılan ruhu vardı. Bu tür genelde kadınlarda oluyordu ve açığa çıktıklarında kadınlar göbeklerinin üstünde yılanlar gibi yerde sürünmeye başlıyorlardı. Bütün bunlara bizzat şahit oldum.

Şahsen tanık olmadığım ama bir özgürleştirme toplantısı düzenleyen misyoner bir çiftten duyduğum başka bir ruh daha vardı. Daha sonra bu olaya konu olan bayanla tanıştım. Çok tatlı bir Hristiyan hanımdı (bir öğretmen) ancak kocası bir fil avcısıydı. Kadın bu ruhtan kurtulmak için misyoner çifte geldiğinde bu çift, fil ruhunun kadından dışarı çıkması için ruha emretmişler. Kadın aniden ellerinin ve dizlerinin üzerine çöküp açık bir kapıdan dışarıya doğru emeklemeye başlamış ve alnını küçük bir ağaca doğru kaldırarak ağacı devirmeye çalışmış. Sizce de dikkat çekici değil mi?

Kim bilir, belki iyi niyetli bir Batılı Hristiyan "Kız kardeşimiz İsa için bir ağacı yıkmaya çalışıyor" diyebilir, ancak orada olan bu değildi. Kadının içindeki fil ruhu, onu fillerin normalde yaptıkları bir şeyi yapmaya, yani alnıyla ağacı devirmeye zorluyordu. Bu ruhtan kurtulur kurtulmaz kadının alnıyla ağaçları devirmek gibi bir ısrarı artık kalmamıştı

Batıda yaşayan bizler bazen Afrika'daki insanların bilgisiz ve gelişmemiş olduklarını, bunun yanında kendimizin ise daha bilgili insanlar olduğumuzu düşünme eğilimindeyiz. Ancak sanırım hayvansal ruhlar âlemi ile ilgili olarak bilgisiz olan biz Batıdakiler ve bu konuda bilgili olanlar ise Afrikalılar'dır. Nesiller boyunca bu çeşit ruhlarla birlikte yaşayan bu insanların müjde gelene kadar İsa'nın ve Tanrı Sözü'nün adındaki güçle bunlardan kurtulma şansları yoktu. Tanrı'ya şükür bugün artık pek çoğu bu ruhlarla nasıl başa çıkabileceklerini biliyorlar!

Hakkında duyduğum bu tür olaylara bir başka örnek de köpek gibi davranan insanlardır. Ben bir köpek aşığıyım, ancak bana göre köpekler olmaları gereken yerde tutulmalılar. Kutsal Ruh'un hiç kimseyi hiçbir zaman bir köpek gibi havlamaya ya da ortalıkta koşmaya yöneltecegine inanmıyorum.

Bu tür hayvansal ruhların açığa çıktığı bir yerde atmamız gereken belli adımlar vardır. Bu tür belirtileri ne hoş görmeli ne teşvik etmeli ne de tüm bu olanları halı altına süpürüp hiçbir şey olmamış gibi davranmalıyız.

Matta 12:33'te İsa bizi şöyle bilgilendiriyor:

"Ya ağacı iyi, meyvesini de iyi sayın; ya da ağacı kötü, meyvesini de kötü sayın. Çünkü her ağaç meyvesinden tanınır."

Bir yerde kötü bir meyve varsa, o meyve kötü bir ağacın meyvesidir. Kötü meyveden kurtulmak yetmez. O meyveyi veren ağacı da kesmeliyiz. Eğer bunu başaramazsak, kötü ağaç daha fazla kötü meyve vermeye devam edecektir.

Bu çeşit hayvansal bir davranışa neden olan ağaç kuşkusuz büyü gibi esrarengiz bir uygulama ya da putperest bir oluşumdur. Örneğin, Afrika ve Hindistan'ın bazı bölgelerinde, hayvansal davranışlara ait belirtiler sık görülmektedir.

Kötü ağacı kesmek; sorumlu olan önderlerin problemi tanımlayıp, bunun bir günah olduğunu itiraf ederek bu günahtan tövbe etmelerini gerektirir. Kutsal Kitap'ın hiçbir yerinde Tanrı'nın itiraf etmediğimiz günahlarımızı bağışlayacağını varsaymamıza neden olabilecek bir ayet yoktur.

Birisi şöyle demişti: "İtiraf, en az işlenen günahın boyutu kadar kapsamlı olmalıdır." Eğer önderler cemaatlerinin önünde bu gibi şeylere hoşgörüyle yaklaştılarsa, o zaman yine cemaatlerinin önünde bunun bir günah olduğunu itiraf ederek bu günahı ortadan kaldırmalılar. Aksi takdirde, eğer kötü ağaç kesilmezse kötü meyve vermeye devam edecektir.

Bu konuyu kapatırken benim hayatımda bunun nasıl yapılandığını gösteren küçük bir "benzetme" yapmak istiyorum. Bu benzetme eşimle olan ilişkime dayanıyor. Bu benzetmede eşim Kutsal Ruh'u temsil ederken ben de Tanrı'yı temsil ediyorum. Lütfen beni yanlış anlamayın, bu sadece çok basit bir benzetme ve tabii ki de Kutsal Ruh'un Tanrı'nın eşi (karısı) olmadığının tamamen bilincindeyim. Bu uyarıların ışığında benzetmeyi anlatmaya başlayayım.

Bir arkadaşım bana gelip şöyle söyledi: "Seni ve eşini geçen akşam birlikte platformda gördüm. Eşin çok güzel, ışıl ışıl ve Kutsal Ruh'la öylesine dolmuş görünüyordu ki!" Ona şöyle cevap verdim: "Teşekkür ederim. Gerçekten de o söylediğin gibi biri." Kısa bir süre sonra aynı adam gelip bana şöyle söyledi: "Biliyor musun, dün eşini bir barda adamın biriyle içki içerken gördüm." Ve ben şöyle yanıtladım: "O benim eşim değildir! Benim eşim saf ve Tanrı sayar bir

45

kadın. Barlara gidip de yabancılarla içki içmez. Eşim dün bütün gün burada benimle birlikteydi. Eşim hakkında bu şekilde konuşma!"

Ancak daha sonra aynı adam bana şöyle dedi: "Biliyor musun, dün eşini plajda üstsüz bir şekilde güneşlenirken gördüm." Bunu duyunca çok sinirlendim ve ona şöyle dedim: "Eşim dün plajın yakınında bile değildi, ayrıca o kendisini asla bu şekilde teşhir etmez! Eğer arkadaşım olarak kalmak istiyorsan, eşimi o gevşek ve ahlaksız kadınla bir tutmaktan vazgeçmelisin çünkü bu hem ona hem de bana bir hakarettir. Eğer arkadaşım olmaya devam etmek istiyorsan, eşim hakkında konuşma şeklini değiştirmek zorundasın."

Elbette bu benzetme Kutsal Ruh'la ilgili olarak şu şekilde açıklanabilir: Tanrı'nın dostu olarak yaşamak istiyorsanız O'nun Kutsal Ruh'unu bayağı, ahlaksız, çirkin ya da kutsal olmayan şeylerle bir tutmak gibi bir lüksünüz olamaz, çünkü bu Tanrı'yı aşırı derecede kızdırır.

Şimdi son bir ayete bakalım. Matta 12:31-32'de İsa şöyle der:

"Bunun için size diyorum ki, insanların işlediği her günah, ettiği her küfür bağışlanacak; ama Ruh'a edilen küfür bağışlanmayacaktır. İnsanoğlu'na karşı bir söz söyleyen, bağışlanacak; ama Kutsal Ruh'a karşı bir söz söyleyen, ne bu çağda, ne de gelecek çağda bağışlanacaktır."

Bu oldukça ciddi ve ürkütücü bir uyarıdır. Burada her birimiz Kutsal Ruh hakkında nasıl konuştuğumuza ve O'nu nasıl temsil ettiğimize çok ama çok dikkat etmemiz gerektiğine dair İsa'nın bizzat Kendisi tarafından ikaz ediliyoruz.

İsa burada *küfür* sözcüğünü kullanıyor. Bu sözcüğün anlamına bakmak için Yunanca sözlüğüme bakmaya karar verdim. Sözlükte *küfretmek* sözcüğü için verilen birinci anlam şuydu: *Kutsal şeyler hakkında hafif (düşüncesizce) konuşmak ya da yanlış şeyler söylemek.* Dolayısıyla Kutsal Ruh hakkında hafif (düşüncesizce) konuşur ya da yanlış şeyler söylerseniz veya Kutsal Ruh'un kişiliğini hatalı bir şekilde temsil ederseniz tanım gereği küfre yaklaşmış olursunuz.

Eğer böyle bir şeyi herhangi bir zamanda yaptıysanız veya yapmaya eğiliminiz olduysa hatta bunu yapanlarla aynı boyundurukta bulunduy-

47

sanız size samimi bir öğüt vermek isterim: Tövbe etmelisiniz. Bu meseleyi ilk ve son kez olarak çözmeli ve bir daha asla Tanrı'nın Kutsal Ruh'unu uygunsuz bir şekilde temsil etmekten suçlu bulunmamalısınız

Çünkü Kutsal Ruh kutsaldır ve O Tanrı'dır.

BÖLÜM 2

DÜNYEVİ, CANSAL, ŞEYTANİ

Bu bölümde bahsedeceğimiz konu 1. Selanikliler 5:23-24'tür:

"Esenlik kaynağı olan Tanrı'nın kendisi sizi tümüyle kutsal kılsın. Ruhunuz, canınız ve bedeniniz Rabbimiz İsa Mesih'in gelişinde eksiksiz ve kusursuz olmak üzere korunsun. Sizi çağıran Tanrı güvenilirdir; bunu yapacaktır."

Bu bölümde kaldığımız yerden devam ediyoruz. Geçen bölümde yaşanmakta olan bir sorun olduğunu düşündüğüm bir şeyi elimden geldiğince analiz etmeye çalışmıştım. Şimdi de bu sorunun Kutsal Kitap açısından ortaya çıkma sebeplerini inceleme niyetindeyim. Bu çok önemlidir çünkü sorun kiliselerde baş göstermeye devam ediyor. Size bu sorunun Karizmatik hareketin son elli yılında sürekli ortaya çıktığını gösteren beş örnek vereceğim. Eğer bu sorunu çözümleyebilirsek bir sonraki adımın da ondan sakınmak olacağını düşünüyorum. Umarım söyleyeceğim şeyler gerçekten işinize yarar.

İnsan Kişiliğini Anlamak

Bugün topyekûn insan kişiliğine değinmek istiyorum. Özellikle de insan kişiliğinin iki unsuruna. Eğer kendimizi ve nasıl oluşturulduğumuzu anlamazsak bir sorunla karşı karşıyayız demektir. Bana kalırsa insan kişiliği tümüyle az önce yukarıda belirttiğimiz ayette açıklanmaktadır: *"Esenlik kaynağı olan Tanrı'nın kendisi sizi tümüyle kutsal kılsın. Ruhunuz, canınız ve bedeniniz... ...eksiksiz ve kusursuz olmak üzere korunsun."* *Tümüyle* sözcüğüyle anlatılmak istenen tüm ruhumuz, canımız ve bedenimizdir.

Yaratılış birinci bölümde Tanrı'nın insanı Kendi suretinde ve benzeyişinde yaratmaya karar verdiği yazılıdır (Yaratılış 1:26). *Kendi sureti* sözü Tanrı'nın Kendi dış görünüşüne bir atıftır. İnsanın dış görünüşünde Tanrı'nın dış görünüşünü yansıtan bir şey vardır. Şu şekilde anlatayım: Tanrı'nın Oğlu'nun bir erkek formunda açıklanması uygun görülmüştü. O bir öküz ya da bir böcek formunda gelemezdi çünkü bir anlamda erkek Tanrı'nın *suretini* veya *dış görünüşünü* temsil etmektedir. *"Erkek başını örtmemeli; o, Tanrı'nın benzeri ve yüceliğidir."* (1. Korintliler 11:7)

Suret sözcüğü dışında kullanılan diğer bir ifade de *benzeyiş*tir. Benzeyiş ifadesinin Tanrılığın içyapısını temsil eden bir ifade olduğuna inanıyorum. Tanrılığın yapısı üçün birliği şeklindedir: Baba, Oğul ve Ruh. İnsan da bu *benzeyişte* üçteki birlik kavramı uyarınca yaratılmıştır (ruh, can ve beden). Böylece insan eşsiz bir şekilde, Tanrı'nın onu üzerine hükümdar atadığı bütün yaratılış üzerinde Tanrı'nın temsilciliğini yapar: Hem dış görünüşü ile hem de iç oluşumunda. Biz insan kişiliğinin dış görünüşü üzerinde değil; ruh, can ve bedenden oluşan üç katmanlı içyapısı üzerinde duracağız.

Eğer yaratılışa dönersek, bu üç unsurun her birinin kökeninin izini sürebiliriz. Ruh, Tanrı'nın insanın içine üflediği nefesinden kaynaklanmıştır. Tanrı Adem'in içine nefesini üflediğinde Adem'deki *ruhu* oluşturdu. Bu arada, *ruh* ve

51

nefes sözcükleri hem İbranicede hem de Grekçede aynı anlama sahiptirler.

Beden, ilahi yaşamla birleşmiş olan topraktı. Can ise ruhla bedenin birleşmesi aracılığıyla doğdu. Üçünün arasında anlaşılması en güç olanı candır. O, her birimizin içinde olan ve "Yapacağım" ya da "Yapmayacağım" diyebilen eşsiz ve özgün benliktir. Genelde tanımı irade, duygular ve zihinden oluştuğu yönünde yapılır. Bunlar basitçe üç sözlü ifade ile tarif edilebilir: "İstiyorum", "Düşünüyorum", "Hissediyorum." Canın doğası budur. Günah aracılığıyla Tanrı'dan ayrı olanlar kendi canlarının idaresi altındadırlar. Eğer dikkatli bakarsanız doğal insanın yaşamının ve eylemlerinin bu üç unsurca kontrol edildiğini göreceksiniz: "İstiyorum", "Düşünüyorum", "Hissediyorum."

Şimdi de günahın Adem ve Havva'nın yaşamlarında neye yol açtığına bir bakalım. Öncelikle ruhları öldü. Tanrı, Yaratılış 2:17'de Adem'e *"Çünkü ondan yediğin gün kesinlikle ölürsün"* demişti. Adem fiziksel olarak ölmedi ve 900 yıldan fazla bir süre daha yaşadı ancak Tanrı'ya karşı itaatsiz davrandığı an ruhta öldü.

52

Aynı zamanda Adem'in canı isyankârlaşmıştı. İster erkek ister kadın olsun, her Ademoğlu'nun içinde isyankâr bir doğa olduğunu aklımızda tutmalıyız. Bu bizim en büyük sorunumuzdur. Bu nedenle, her ne kadar muhteşem bir şey olsa da, yalnızca günahlarımızın bağışlanması yeterli değildir. Bununla birlikte isyankârın öldürülmesi de gerekir ve işte bu kısım müjdenin bize sunduğu şeylerden biridir.

Efeslilere Mektup kitabında her iki durumdan da söz eden iki bölüme bakalım: Ruhun ölümü ve canın isyanı. Efesliler 2:1-3 Mesih'te yaşam bulan imanlılara sesleniyor. Pavlus burada şöyle der:

"Sizler bir zamanlar içinde yaşadığınız suçlardan ve günahlardan ötürü ölüydünüz [Fiziksel olarak ölü değillerdi, suçları ve günahları içinde ruhsal olarak ölüydüler. Ve onları yaşama döndüren şey yeniden doğuştu. Sonra bu günahlar hakkında şöyle diyor:] *Bu dünyanın gidişine ve havadaki hükümranlığın egemenine* [bu Şeytan'dır], *yani söz dinlemeyen insanlarda şimdi etkin olan ruha uymaktaydınız. Bir zamanlar hepimiz* [buna elçi Pavlus da dahil] *böyle insan-*

ların arasında, benliğin ve aklın isteklerini yerine getirerek benliğimizin tutkularına göre yaşıyorduk. Doğal olarak ötekiler gibi biz de gazap çocuklarıydık."

Burada Tanrı'ya karşı isyan eden ve bu isyan yüzünden suçları ve günahları içinde ölü olan tüm insan ırkı tasvir ediliyor. Bu günahın sonucudur. Ruhunuz ölür; can Yaratıcısına karşı isyan ederek asileşir.

Peki, bedene ne olur? Beden de Kutsal Kitap'ın bildirdiği gibi çürümeye maruz kalır. Bu bedenin hastalanmaya, yaşlanmaya ve sonunda da ölüme esir olduğu anlamına gelir. Ancak söylediğim gibi, Adem'in ölümü fiziksel bir ölüm olmadı ve Adem 900 yıl yaşadı. Tanrı'ya başkaldırdığında Adem'in yaşadığı ölüm muhtemelen Kutsal Kitap'ın *ilk ölüm* dediği şeydi. Yeni Antlaşma ise *ikinci ölümden* söz eder (Vahiy 20:6, 14). Ve bu da isyankâr ruhla canın Tanrı'nın huzurundan nihai ayrılışıdır, hem de sonsuza kadar.

İsyandan Kurtuluşa

Peki, kurtulduğumuzda bizde gerçekleşen şey nedir? Ruhumuza ne olur? Ruhumuz yeniden canlanır. Ruhlarımız Mesih'te yeniden yaşama döndü. Size Efesliler 2:4-5'i okuyayım:

"Ama merhameti bol olan Tanrı bizi çok sevdiği için, suçlarımızdan ötürü ölü olduğumuz halde, bizi Mesih'le birlikte yaşama kavuşturdu. O'nun lütfuyla kurtuldunuz. Tanrı bizi Mesih İsa'da, Mesih'le birlikte diriltip göksel yerlerde oturttu."

Evet, Tanrı bizi yaşama kavuşturdu. Bu bizim için yaptığı tek şey de değildi. Buna ayıracak fazla zamanımız yok ancak şunu da belirteyim, Tanrı aynı zamanda bizi diriltip göksel tahtta oturttu. Ayetteki cümlelerin tümü geçmiş zaman kipindedir. Kabul edip etmemek bize kalmıştır ama Tanrı bizleri ruhsal anlamda Mesih'le birlikte göksel yerlerde taht üzerinde oturttu. Benim aslen üstünde durmak istediğim şey şu: Yaşama kavuştuk!

Can Tanrı'yla tövbe aracılığıyla barışır. Tövbe üzerinde bilhassa durmamız gerekiyor. Bir isyankâr, isyankâr olarak kaldığı sürece Tanrı'yla barışamaz. Bu yüzden de kurtuluşa dahil olan kriterlerden biri isyanımızı bir kenara bırakmaktır. Yeniden doğduğunu ve kurtulduğunu iddia eden pek çok insan aslında isyanlarını asla reddetmemişlerdir. Dışarıdan Hristiyan gibi görünürler fakat iç varlıklarında hiç de öyle değildirler. Romalılar 5. bölüme bir göz atalım. Romalılar 5:1:

"Böylece imanla aklandığımıza göre, Rabbimiz İsa Mesih sayesinde Tanrı'yla barışmış oluyoruz..."

Tanrı'ya karşı bir savaştaydık. Şimdi ise imanla aklanmış bulunuyoruz (Tanrı'yla barış içindeyiz). 11. ayet şöyle diyor:

"Yalnız bu kadar da değil, bizi şimdi Tanrı'yla barıştırmış olan Rabbimiz İsa Mesih aracılığıyla, Tanrı'nın kendisiyle de övünüyoruz."

Tanrı'ya karşı bir savaştaydık; ama O'nunla barıştırıldık.

Peki, kurtuluşun bedenimize etkisi ne olur? Bedenimiz Kutsal Ruh için bir tapınak haline gelir. Bence bu oldukça önemli bir şey. Birçok imanlı bedenlerimizin Kutsal Ruh'un tapınağı olduğunun ve ona saygıyla davranmamız gerektiğinin farkında değildirler. 1. Korintliler 6:19-20'de Pavlus söze şöyle başlar: *"Bilmiyor mu-*

sunuz...?" Pavlus bu ifadeyi mektuplarında en az 6 defa kullanıyor. Gözlemlerime göre, Pavlus'un her seferinde *"Bilmiyor musunuz...?"* diye sorduğu şeyleri bugün pek çok Hristiyan bilmiyor.

"Bedeninizin Tanrı'dan aldığınız ve içinizdeki Kutsal Ruh'un tapınağı olduğunu bilmiyor musunuz? Kendinize ait değilsiniz. Bir bedel karşılığı satın alındınız; onun için Tanrı'yı bedeninizde yüceltin..."

Kurtuluş sırasında neler olduğunu özetleyelim:

Ruhumuz yaşama kavuşur. Canımız Tanrı ile barıştırılır. Bedenimiz ise Kutsal Ruh için bir tapınak haline getirilir ve böylece ilk diriliş için müsait duruma gelir.

Filipililer 3:10-11'de Pavlus bedenimizin ilk diriliş için uygun hale geldiğini ve bunun Hristiyan yaşamının amacı olduğunu söyler:

"Ölümünde O'nunla özdeşleşerek O'nu tanımak [İsa'dan söz ediyor], *dirilişinin gücünü ve acılarına ortak olmanın ne demek olduğunu bilmek ve böylece ne yapıp yapıp ölümden dirilişe erişmek istiyorum."*

Burada kullanılan diriliş sözcüğü nihai, kesin dirilişi değil, yalnızca gerçek imanlılar için geçerli olan ilk dirilişi temsil etmektedir... Pavlus'un bu ilk dirilişi kendisi için çantada keklik olarak görmemesi beni daima etkilemiştir. O "Amacım beni ilk dirilişe eriştirecek bir yaşam yaşamaktır" diyen biriydi. Bizim de bu dirilişi kendimiz için çantada keklik olarak görmememiz gerektiğine inanıyorum. Buna ulaşmak tamamen nasıl yaşadığımıza bağlıdır.

Bu üç unsurun işlevleri nelerdir? Önce ruhtan başlayalım. Ruh, Tanrı ile ve tapınma ile doğrudan ilişki kurabilme yeteneğine sahiptir. Ruh, insanın Tanrı'dan gelen parçasıdır ve O'na tekrar tapınma ve paydaşlık vasıtalarıyla dönebilir. 1. Korintliler 6:17'de bundan söz edilir. Bu gerçekten önemli bir ayettir:

"Rab'le birleşen kişiyse O'nunla tek ruh olur."

Düşünceme göre buradaki ifade *tek can* olsaydı tamamen yanlış bir ifade olurdu. Doğrusu *tek ruh*'tur. Ayetin genel bağlamına bakarsanız, Pavlus burada fahişeyle birleşen bir adamdan söz ediyor ve bunun fiziksel bir birleşme olduğunu söylüyor. Ancak anlatmaya çalıştığı şey ruhsal birleşmedir. Burada çizilen resme bakıldığında, bunun gerçek bir birleşme olduğu fikri açıklığa kavuşmaktadır. Ancak, Tanrı ile birleşebilen şey yalnızca ruhtur. Can Tanrı ile birleşemez. Beden Tanrı ile birleşemez. Bundan dolayı, gerçek anlamda tapınma kapasitesine sahip olan yalnızca ruhun kendisidir. Yuhanna 4:23-24'te İsa şöyle der:

"Ama içtenlikle tapınanların Baba'ya ruhta ve gerçekte tapınacakları saat geliyor. İşte, o saat şimdidir. Baba da kendisine böyle tapınanları arıyor. [Bu benim için sarsıcı bir ifadedir. Her şeye gücü yeten ve evreni yaratan Tanrı, Kendisine tapınacak insanlar arıyor. Şöyle devam ediyor:] *Tanrı ruhtur, O'na tapınanlar da ruhta ve gerçekte tapınmalıdırlar."*

İçimizdeki tapınmaya müsait olan unsur ruhtur. Canımız Tanrı'yı övmek ve şükran sunmak kapasitesine sahiptir. Ancak yalnızca ruhumuz Tanrı'ya gerçek ve kabul edilebilir bir tapınma sunabilir.

Peki ya can? O kurtuluş sürecinde nasıl bir rol oynar? Can karar verici unsurdur ve yeniden doğuş aracılığıyla doğru kararları verebilir.

Davut Mezmur 103'te şöyle der: *"Rab'be övgüler sun ey canım."* Davut kendi canına sesleniyordu. Peki, hangi tarafı canına sesleniyordu? Ruhu! Davut'un ruhu Rab'bi övme ihtiyacı hissetmişti, ancak canı bedenini harekete geçirmeden ruhu bunu tek başına yapamazdı. İşte böylece, sahip olduğumuz mevcut yaratılışımız içindeki ruh, bedenlerimizde can vasıtasıyla hareket etmektedir. Bu konuya hemen geri döneceğiz çünkü Yeni Antlaşma *cansal* ve *ruhsal* bedenden söz etmektedir.

Basit bir örnek verecek olursam, sanırım canı arabaların vites koluna benzetebilirim. Şoför koltuğuna oturursunuz, motoru çalıştırırsınız; ancak aracı hareket ettirmek için vitesi kullanmanız gerekir. Vites can gibidir. Ruh oradadır ancak can olmaksızın arabayı hareket ettiremez.

Tüm bunları anlatmaktaki amacım ruh ile canı ayırt edebileceğimiz bir konuma gelebilmektir. Ancak bu kolay değildir. Aslında bunu layıkıyla yapabilmemizin tek bir yolu var ve onu da İbraniler 4:12'de görüyoruz:

"Tanrı'nın sözü diri ve etkilidir, iki ağızlı kılıçtan daha keskindir. Canla ruhu, ilikle eklemleri

birbirinden ayıracak kadar derinlere işler; yüreğin düşüncelerini, amaçlarını yargılar. "

Ayıracak kadar ifadesine dikkat edin. Tanrı Sözü, can ile ruhun derinlerine işleyecek ve onları birbirinden ayıracak kadar hassas ve keskin tek araçtır. Tanrı Sözü'nden başka, ruhla canın farklı görevlerini ve aralarındaki ilişkiyi anlayabileceğimiz başka bir yol daha yoktur. Kendi anlayışınıza, kendi duygularınıza güvenemezsiniz. Bunlar güvenilecek unsurlar değiller. Tek güvenilir ayırt edici Tanrı Sözü'dür. Bununla birlikte, Tanrı Sözü'nü ayırt edici bir araç olarak kullanmanın iki şartı vardır. Bunları İbraniler 5:13-14'te, yazarın olgun olan ve olmayan Hristiyanlar hakkında konuştuğu bölümde görebiliriz:

"Sütle beslenen herkes bebektir ve doğruluk sözünde deneyimsizdir. Katı yiyecek, yetişkinler içindir; onlar duyularını iyi ile kötüyü ayırt etmek üzere alıştırmayla eğitmiş kişilerdir. "

Başka bir deyişle, iyi ile kötüyü ayırt etme yeteneği, bize bedava verilen bir hak değildir. Bu yalnızca alıştırmayla ve yalnızca Tanrı'nın öğütlerini O'nun Sözü vasıtasıyla özümsediğimizde kazanabileceğimiz bir şeydir. Bebekler gibi süte bağlı yaşıyorsak, iyi ile kötüyü ayırt etme kabiliyetimiz olmaz. Bebeklikten çıkıp olgunlaştıysak bile alıştırma yapmaksızın iyi ile kötüyü ayırt edemeyiz.

Sizi teşvik edecek bir soru sormak istiyorum: Siz iyi ile kötüyü ayırt etme konusunda hiç pratik yapıyor musunuz? Sanırım kendim için bunu belirli bir ölçüde yaptığımı söylemem doğru olur. Belirli bir durumla karşı karşıya kaldığımda, "ruhsal antenimi" takıp kendime şunu sorarım: "Yaşanan bu durumda hangi ruhsal güçler devrede?" Bir vaaz dinlediğimde sadece konuşulanı dinlemem, sözcüklerin ardından gelen ruhu da ayırt etmeye çalışırım.

Bu tür bir kabiliyet yalnızca bu konuda pratik yaparak kazanılabilir. Eğer etrafta öylesine ve dikkatsizce yürüyorsanız, iyi ile kötüyü ayırt etme kabiliyetini kazanamazsınız. Bence ayırt etme becerimizi her durumda kullanmalıyız. Ve bence iyi ile kötüyü ayırt etme kabiliyetinin, ruhsal hayatımızda dua gibi düzenli bir yeri olmalıdır. Aksi takdirde başımız belada demektir.

Can ve Ruh Arasında Ayırım Yapabilmek

Şimdi de, aşağıdaki tabloda da görülen ruhsal ve cansal unsurlar arasındaki farklılıklar hakkında konuşmak istiyorum:

Dil	İsim	Sıfat
Grekçe	*pneuma*	*pneumatikos*
Türkçe	ruh	ruhsal
Grekçe	*psuche*	*psuchikos*
Türkçe	can	cansal

Bunu anlamak için tercümelerin ötesine geçmelisiniz. Size bunun nedenini açıklayayım. Bu tabloda bir Grekçe bir de Türkçe eşleşmeler var. Bir isim ve ona ait bir de sıfat var. Bunları bir yazı içinde gördüğünüzde aralarındaki ilişki açık bir şekilde ortaya çıkıyor.

Ruh sözcüğünün Grekçedeki karşılığı *pneuma*. Bu sözcüğün kökünden İngilizcedeki pneumatic sözcüğünü elde ediyoruz (bu sözcüğün anlamı da hava ile çalışan bir çeşit matkaptır). Bunun sebebi *pneuma* sözcüğünün "nefes", "rüzgâr" ve "ruh" anlamları taşıyor olmasıdır. *Pneuma*'dan türeyen sıfat ise *pneumatikos*'tur. Peki, bunu nasıl tercüme edebiliriz? *Pneuma*'nın "ruh" olduğunu bildiğimize göre *pneuma*'dan elde ettiğimiz sıfat da... Efendim? R*uhsal*. Evet doğru. Başka bir seçenek yok.

Şimdi de "can" sözcüğünün Grekçesine bakalım. Tam da burada bir sorunumuz var: Can sözcüğünün Grekçesi *psuche*'dir. Bu sözcüğün kökünden ise İngilizce'deki *psychological (psikolojik), psychiatrist (psikiyatrist)* ya da *psychosomatic (psikosomatik)* gibi sayısız farklı sözcük elde ediyoruz. Psikiyatrist can ile ilgilenen bir doktordur, çünkü *iatros* Grekçede doktor anlamına gelir.

Peki, şimdi elimizde *psuche* ismi ve bunun sıfatı olan *psuchikos* var. İsmin tercümesinin "can" olduğuna dair hiçbir tereddüdümüz yoktur. Peki ya sıfat? Sorun şu ki, İngilizcede "cansal" ifadesini karşılayan bir sözcük bulunmuyor. Bu yüzden bence, Kutsal Kitap'ı hakkıyla tercüme edebilmek için bu ifadeyi karşılayan bir sözcük yaratmalıyız. Anladığım kadarıyla, Almanca'da, Hollanda Dilinde, Danimarkaca'da, İsveççe ve Norveççe'de "cansal" ifadesini karşılayan bir sözcük mevcuttur. Ancak İngilizce bu çok önemli ayrımı ifade edecek bir sözcüğe sahip olmadığı için bu noktada aksamaktadır.

Şimdi Yeni Antlaşma'da içinde *psuchikos* ya da "cansal" ifadeleri geçen bütün bölümleri alıp *ruhsal* ve *cansal* arasındaki farkı ana hatlarıyla göstermeye çalışacağım.

Öncelikle "cansal" sözcüğünün fiziksel bedenle bağdaştırıldığı ve belki de bu yüzden anlaşılmasının güç olduğu üç durumu inceleyeceğiz. Beş Kutsal Kitap tercümesine baktım ve *psuchikos* sözcüğünü tercüme etmek için farklı şekillerde kullanılan bir takım sözcükler keşfettim. Orijinal King James tercümesinde kullanılan sözcükler "doğal" ya da "nefsi (tensel)" idi. Yeni King James tercümesinde de "doğal" ya da "nefsi (tensel)" sözcükleri kullanılmıştı. Ancak son cildin kenar notunda "dünyasal" sözcüğüne de yer verilmişti. New American Standard'da "doğal" sözcüğü kullanılırken kenar notunda "ruhsal olmayan" ve "dünyaperest" ifadeleri de eklenmişti. New International Version'da "ruhsuz", "doğal", "ruhsal olmayan" ifadelerinin yanında "kendi doğal içgüdülerinin ardından giden" ifadesi de kullanılmıştı. Gördüğünüz gibi, İngilizce tercümelerin ötesine geçemediğimiz takdirde ruhsal olanlarla cansal olanlar arasındaki hayati ayrımı gerçek anlamda kavrayamayız.

Şimdi 1. Korintliler 15:44 (iki kez) ve 46'da cansal ifadesinin bir bedenle bağdaştırıldığı üç duruma bakacağız. Bu konuyu başka hiç kimsenin ele aldığını duymadım, ne var ki size konuyla ilgili kendi anladığımı aktaracağım. Kabul etmek ya da karşı çıkmak size kalmış, siz nasıl uygun görürseniz. Ancak şunu söyleyeyim ki bu heyecan verici bir konudur, çünkü Pavlus 1. Korintliler 15:44'de dirilişe atıfta bulunarak şöyle diyor: *"Doğal beden olarak gömülür* [cansal beden], *ruhsal beden olarak diriltilir. Doğal beden* [cansal] *olduğu gibi, ruhsal beden de vardır."*

Cansal ve ruhsal olanlar arasında daima bir karşıtlık olduğunu fark edeceksiniz. Cansal beden vardır ve ruhsal beden vardır.

Daha sonra 46. ayette Pavlus şöyle diyor: *"Önce ruhsal olan değil, doğal* [cansal] *olan geldi. Ruhsal olan sonra geldi."* Öyleyse şu anki bedenimiz cansaldır; dirilişte giyineceğimiz beden ise ruhsal olacaktır. Benim bundan anladığım artık bir "vites koluna" ihtiyacımızın olmayacağıdır.

Ruhumuz yalnızca nereye gitmek istediğine ne demek istediğine ve ne yapmak istediğine karar verecek ve istediği şey gerçekleşecek! Bu, ruh tarafından kontrol edilen bir beden olacak.

Hezekiel 1. bölümde, ruhsal bedenlerle tasvir edilebilecek olan bir takım yaratıkların betimlenişini görüyoruz. Bana göre bu heyecan verici bir şey, çünkü dirilişte İsa'nınki gibi bir bedenimiz olacak. Nereye istersek oraya gideceğiz. Artık canımızla ilgili herhangi bir şeyle uğraşmak zorunda olmayacağız.

Hezekiel 1:12 keruvlardan bahsederek şöyle der: *"Her biri dosdoğru ilerliyordu. Ruhları onları nereye yönlendirirse, sağa sola sapmadan oraya gidiyorlardı."* Keruvların ruhsal bedenleri vardı; ruhları nereye isterse oraya gidiyorlar. Aynı bölümde, 20. ayette şöyle yazılıdır: *"Ruhları onları nereye yönlendirirse oraya gidiyorlardı."*

Ben bunu şöyle anlıyorum: Ruhsal bir beden doğrudan ruh tarafından harekete geçirilen ve kontrol edilen bir bedendir. Bu, motorunu çalıştırdığınız anda siz nereye isterseniz oraya giden ve sizin istediğiniz hızda giden bir arabaya benzer. Vitesle uğraşmak zorunda değilsiniz artık.

Bunlar *psuchikos* sözcüğünün beden anlamında kullanıldığını gördüğümüz üç durumdu. Benim bildiğim hiçbir İngilizce çeviride *soulish (cansal)* sözcüğü mevcut değildir. Sonuç olarak aradaki bu ayrım anlaşılması güç bir ayrımdır.

Şimdi de *psuchikos* sözcüğünün kullanıldığı başka yerlere bir göz atalım. Bakacağımız bu bölümde, cansal kişi ile ruhsal kişi arasındaki belirgin çelişkiyi (çatışma) göreceğiz. 1. Korintliler 2:14-15:

"Doğal kişi [yani cansal kişi], *Tanrı'nın Ruhu'yla ilgili gerçekleri kabul etmez. Çünkü bunlar ona saçma gelir, ruhça değerlendirildikleri için bunları anlayamaz. Ruhsal kişi her konuda yargı yürütebilir, ama kimse onun hakkında yargı yürütemez."*

Cansal kişi Ruh'la uyum içinde değildir. Ruh'a ait şeyleri elde edemez; onları anlayamaz. En yüksek derecede öğrenim almış zeki insanlarla konuşabilirsiniz ancak onların Ruh'a ait konuları kavrama kabiliyetlerinin olmadığını fark edersiniz, çünkü onlar doğal (cansal) alemde yaşamaktadırlar. Bu önemli bir nokta çünkü bir anlamda

68

ruhsal kişi ile *cansal* kişi arasındaki bir muhalefeti ortaya çıkarıyor.

Bir de Yahuda'nın mektubuna bakalım. 19. ayet oldukça aydınlatıcı bir ayettir. Burada kilisede sorun yaratan kişilerden bahsedilmektedir. NKJ (New King James tercümesinde) şu şekilde yazar: *"Bunlar bölücü, insan doğasıyla sınırlı, Kutsal Ruh'tan yoksun kişilerdir."* Çok açık ki bu kişiler bölünme yarattıklarına göre, o kilisenin üyeleriydiler. Bu demek oluyor ki, kilisede hem ruhsal hem de cansal üyeler mevcuttur.

Dünyevi Olandan Cansal Olana
Cansal Olandan Şeytâni Olana

Bu konuyla ilgili en belirgin bölüm ise Yakup 3:15'tir. Bu bölüm üzerinde kapsamlı bir şekilde duracağım. Belirli bir bilgelikten dem vuran Yakup şöyle der:

"Böylesi 'bilgelik' gökten inen değil, dünyadan, insan doğasından, cinlerden gelen bilgeliktir."

Şu ana kadar *nefsi (tensel)* olanın *cansal* olduğunu anlamış durumdasınız. İşte böylece cansal (doğal) olan bir bilgelik de vardır. Aynı zamanda üç aşamada gerçekleşen bir düşüş vardır: İlki dünyasal, ikincisi cansal ve üçüncüsü de şeytani. Bana kalırsa cinlerin (kötü ruhlar) Tanrı'nın işine... Tanrı'nın halkına... Tanrı'nın kilisesine karıştıkları ana yöntem budur. Cinler işte bu yol vasıtasıyla, yani dünyasallıktan cansallığa ve oradan da şeytani olana doğru gerçekleşen düşüş ile bunu gerçekleştirirler.

Şimdi bunun ne anlama geldiğine bakalım. *Dünyasal* olmak ne demektir? Bence bir Hristiyan için bunun anlamı bu dünya ile ilgili görüşümüzün (vizyonumuzun) tamamıyla bu dünyayla sınırlı olduğudur. Bu dünyadan ötesini göremeyiz. Buna göre Tanrı'dan kurtuluş aracılığıyla gelmesini beklediğimiz şeyler bu hayata ilişkin şeylerdir: Zenginlik, şifa, başarı, güç (kim bilir daha neler)? Bence bunların tümü cana ait isteklerdir.

Size dünyasal olmayan birkaç insan örneği vereceğim. Bu kişilerin tam bir listesini İbraniler 11'de bulacaksınız. Aslına bakarsanız İbraniler 11'de kayda geçirilmiş olan bu kutsalları, cansal ve dünyasal olmayan kişiler olarak özetleyebilirsiniz. İşte size iki örnek:

İbraniler 11:9-10 İbrahim hakkında şöyle der:

"İman sayesinde bir yabancı olarak vaat edilen ülkeye yerleşti. Aynı vaadin ortak mirasçıları olan İshak ve Yakup'la birlikte çadırlarda yaşadı. Çünkü mimarı ve kurucusu Tanrı olan temelli kenti bekliyordu."

İbrahim Vaat Edilmiş Topraklar'daydı ve oranın kendisine vaat edildiğini biliyordu. Ancak ne oranın asıl sahibi idi ne de orada sanki oranın sahibiymiş gibi yaşadı. Orada kendine bir ev almadı. Hep taşınabilir bir çadırda yaşadı. Lut ile arasındaki zıtlığa dikkat edin. Lut İbrahim'den ayrılıp yüzünü Sodom'a çevirdi (Sodom'un insanları Rab'bin önünde günahlı ve fazlasıyla kötü kişilerdi). Lut böylece yüzünü döndüğü yere doğru gitti. Bundan sonra Lut hakkında okuduğumuz ilk bölümde Lut'un Sodom'a doğru bakmadığını, artık Sodom'da olduğunu ve orada bir evde yaşadığını görüyoruz (artık bir çadırda yaşamıyordu). Bence Lut bir anlamda dünyasal bir Tanrı adamı profili çiziyor.

Bunun yanında İbrahim'in bildiğimiz zamanı aşan ve sonsuzluğa uzanan bir görüşü vardı. Hiç görmediği fakat bir gün onun evi olacağını bildiği bir kenti bekliyordu. Sanırım Tanrı'nın biz Hristiyanlardan beklentisi böylesi bir yaşam yaşamamızdır. Bu dünyada kendi evimizde yaşamıyoruz. Bu dünya kendi evimizmiş gibi yaşadığımızda cansal insanlara dönüşüyoruz.

İkinci örneğim İbraniler 11:27'de anlatılan Musa'dır:

"Kralın öfkesinden korkmadan imanla Mısır'dan ayrıldı. Görünmez Olan'ı görür gibi dayandı."

Size şunu söyleyeyim, dayanmanın anahtarı budur. Zamanın ötesine bakabilmek, çoğu zaman çok zor günler, pek çok hüsran ve düş kırıklığı yaşayacağımız bu hayat düzeyinin ötesine bakabilmektir. Her şeye katlanıp devam etmemizi sağlayacak olan şey nedir? Bizi zamanın ötesine taşıyan bir görüş.

Daha bunun gibi pek çok kişi var. Bu iki kişi (İbrahim ve Musa) dünyasal olmayan bu kişilere yalnızca birer örnekti. Bir de 1. Korintliler 15:19'da Pavlus'un üzerinde düşünmemiz gereken dikkat çekici bir ifadesi var:

"Eğer yalnız bu yaşam için Mesih'e umut bağlamışsak, herkesten çok acınacak durumdayız."

Bu oldukça dikkate değer bir açıklamadır. Eğer imanımızın bize sağladığı şeyler yalnızca bu dünyayla ilgili ise acınacak durumdayız. Şunu lütufkâr bir şekilde söylemek zorundayım ki, günümüzde kiliselerde Tanrı'nın bizim için yalnızca bu dünyada yapacakları üzerine odaklanan oldukça fazla öğreti bulunuyor. Bu kişiler sık sık kendilerini zengin ve başarılı olarak addederler; Tanrı ise onların acınacak halde olduklarını düşünür.

Bu çok ama çok temel bir gerçektir. Geçmişte Hristiyan nesiller (1. Dünya Savaşı'na kadar olan dönem) temel olarak şu gerçeğin bilincindeydiler: Bu dünya bizim evimiz değil. Fakat o günlerden beri pek çok Hristiyan bu algıyı kaybetti ve sanki buraya aitmişiz gibi yaşamaya başladı. Düşüncelerimiz, tutkularımız ve planlarımız içinde bulunduğumuz zamana endeksli hale geldi. Dünyasal olduk.

Dünyasal olduktan sonra bizi aşağıya çeken bir sonraki adım nedir? Cansal olmak. Canın özü nedir? Benlik. Cansal olmak ne demektir? Benmerkezci olmak ve dedikleri gibi tamamen bir numarayla ilgilenmek demektir. Cansal kişi şöyle der: "Burada benim işime yarayacak ne var?" Ruhsal kişi ise şöyle der: "Tanrı'yı nasıl yücelte-bilirim?" Günümüz kiliselerinde, yukarıdaki tanıma uyan bir cansallık büyük ölçüde mev-cuttur. Sanırım bu konuda siz de bana katılırsınız (umarım küstahça davranmıyorumdur).

Cansallık ise kapılarını şeytani olana açar. Cansal (doğal) aleme daldığınızda şeytani olana açık hale gelirsiniz. Bence bu, kötü ruhların Tanrı'nın halkına ve O'nun işlerine sızmasının birincil nedenidir. Biraz sonra size bu yüzyılda meydana gelen bazı şeylerle ilgili beş örnek vereceğim.

Şimdi bir an için dünyasal kişiden cansal kişiye, oradan da şeytani olana doğru adım atan insan-lara dair iki Eski Antlaşma karakterini ele alalım. Bu kişiler oldukça seçkin insanlardı. Bunlardan ilki Harun'dur. Mısır'dan Çıkış 32'ye bakacak olursanız, beni daima hayrete düşürmüş olan bir şey bulursunuz. Burada Tanrı tarafından meshe-dilmiş ve tayin edilmiş bir Başrahip'in altın bir buzağı put yaptırdığını görürüz. Mısır'dan Çıkış 32:1-10'da ne anlatıldığını biraz incelemek isti-yorum.

Bu olaylar olurken Musa dağda idi. Halk yaklaşık kırk gündür kendisini görmemişti. Ayet şöyle diyor:

"Halk Musa'nın dağdan inmediğini, geciktiğini görünce, Harun'un çevresine toplandı. Ona, 'Kalk, bize öncülük edecek bir ilah yap' dediler, 'Bizi Mısır'dan çıkaran adama, Musa'ya ne oldu bilmiyoruz!'"

Buradaki dikkat çekici ifade şu: "Bizi Mısır'dan çıkaran *adam*..." Halk Tanrı'ya olan ümidini kaybetmiş, insani önderlere odaklanmıştı. Bence böylesi bir görüş kaçınılmaz olarak insanı putperestliğe götürür. Tanrı görüşümüzü kaybettiğimiz ve Tanrı'nın hizmetkârlarına bel bağladığımız zaman büyük bir tehlike içine girmiş oluruz. Okuyalım:

"Harun, 'Karılarınızın, oğullarınızın, kızlarınızın kulağındaki altın küpeleri çıkarıp bana getirin' dedi. Herkes kulağındaki küpeyi çıkarıp Harun'a getirdi. Harun altınları topladı, oymacı aletiyle buzağı biçiminde dökme bir put yaptı. Halk, 'Ey İsrailliler, sizi Mısır'dan çıkaran Tanrınız budur!' dedi."

"Harun bunu görünce [bu harika bir açıklama– Harun kendi yaptığı buzağıyı görünce], *buzağının önünde bir sunak yaptı ve, 'Yarın RAB'bin onuruna bayram olacak' diye ilan etti.* [Yani Yahweh onuruna. Harun'un bunu nasıl yapabilmiş olduğunu anlamakta zorlanıyorum. Ama eğer Harun bunu yaptıysa siz ve ben de yapabiliriz. Biz Harun'dan daha iyi değiliz. Muhtemelen pek çoğumuz onun ayarında bile değiliz. Ayet şöyle devam ediyor:] *Ertesi gün halk erkenden kalkıp yakmalık sunular sundu, esenlik sunuları getirdi. Yiyip içmeye oturdu, sonra kalkıp çılgınca eğlendi."*

Putperestliğin özü işte budur: eğlence. Tapınmamız eğlenceye dönüştüğü zaman ruhsal insandan cansal insana ve sonunda da şeytani insana doğru adım atmış oluruz. Eleştirel görünmek istemiyorum ancak şunu da söylemeliyim; bana göre günümüzde Karizmatik harekette tapınma diye adlandırılan şeyin büyük çoğunluğunun hiçbir suretle tapınmayla ilgisi yoktur. Bu tür tapınma çoğunlukla benmerkezcidir: "Tanrım beni iyileştir. Tanrım beni kutsa. Tanrım şunu bunu yap." Benmerkezci ve cansaldır. Yalnızca ruh Tanrı'ya doğrudan odaklanabilir.

Bugün kiliselerimizde çalınan müziğin büyük bir kısmı canı cezbeden ve gayrete getiren niteliktedir ve dünyada insanın nefsini uyarmak için yapılan müzik ile aynı türdendir.

Ben müzikte uzman değilim, hem de hiç. Bir notayı bile akorduyla okuyamam. Ancak müziğin etkisine karşı benim de belirli bir hassasiyetim vardır. Afrika'da beş yıl yaşamış biri olarak özellikle tekrar eden melodi ve ritimlerin duyarlılığı zayıflattığının farkındayım. Eğer böyle bir müziği özellikle de çok sesli bir şekilde uzun süre dinlerseniz ayırt etme kapasiteniz kaybolur. Afrika'da bu tür ritimler kötü ruhları çağırmak için kullanılır.

Burada tasvir edilen sahnede insanı hayrete düşüren şey; insanların Tanrı göklerden seslendiği zamanki tutumlarıyla bundan yaklaşık iki ay sonraki tutumları arasındaki büyük farktır. Görebileceğimiz en şaşırtıcı değişim. Mısır'dan Çıkış 20'de, Tanrı'dan hiçbir ulusun tanık olmadığı kadar eşsiz bir vahiy aldıkları zaman bu insanların tepkisi Tanrı'ya karşı huşu, korku ve derin saygı idi. Mısır'dan Çıkış 20:18-21'de Tanrı'nın o dağda On Emir'i ilan etmesinin ardından halkın tutumu şöyleydi:

"Halk gök gürlemelerini, boru sesini duyup şimşekleri ve dağın başındaki dumanı görünce korkudan titremeye başladı. Uzakta durarak Musa'ya, 'Bizimle sen konuş, dinleyelim' dediler, 'Ama Tanrı konuşmasın, yoksa ölürüz.' Musa, 'Korkmayın!' diye karşılık verdi, 'Tanrı sizi denemek için geldi; Tanrı korkusu üzerinizde olsun, günah işlemeyesiniz diye.' Musa Tanrı'nın içinde bulunduğu koyu karanlığa yaklaşırken halk uzakta durdu."

Tanrı'nın kutsallığı ve görkemi karşısında öylesine etkilenmişlerdi ki "Musa, biz bu sesi daha fazla dinleyemiyoruz. Lütfen sen onu bizim için dinle, biz Tanrı'nın ne söylediğini senden dinleriz" diyorlardı. Bununla birlikte iki aydan da kısa bir süre içinde bu tutumlarının yerini tapınmak için altın bir buzağı isteyecek kadar yanlış bir tutum aldı. Bu tutum onları Tanrı'nın yerine Musa'yı kendilerini Mısır'dan çıkaran kişi olarak görmeye itti.

Pavlus bu konuyu Yeni Antlaşma'da, 1. Korintliler 10:5-7'de İsrailliler'in Mısır'dan çıkmalarının ardından yaşadıklarından söz ettiği bölümde ele alıyor:

"Ne var ki, Tanrı onların çoğundan hoşnut değildi; nitekim cesetleri çöle serildi. Bu olaylar, onlar gibi kötü şeyler arzu etmememiz için bize ders olsun diye oldu. Onlardan bazıları gibi, puta tapanlar olmayın. Nitekim şöyle yazılmıştır: 'Halk yiyip içmeye oturdu, sonra kalkıp çılgınca eğlendi.'"

Orada ne olmuştu? Bu insanların fiziksel gereksinimleri karşılanmıştı. Karınları doymuştu ve bedenleri sıcak tutan giysilerle örtülüydü. Peki, sırada ne vardı? Eh, biraz da heyecan lazım! Haydi eğlenelim! Tapınmanın eğlenceye dönüşmesi beni çok endişelendirir. Günümüzde yapılan tapınmaların büyük bir kısmı da işte böyledir. Tapınmanın eğlenmekle uzaktan yakından alakası yoktur. Eğlence der ki: "Beni heyecanlandır. Beni büyüle. Beni tatmin et." Bütün bunlar canın yararınadır. Ruh ise bunların dışında kalır.

Ruhsallıktan cansallığa ve nihayetinde de şeytani olana geçiş sürecini gösteren ikinci örneğim birincisinden daha korkutucudur. Bu örneği

Levililer 9:23-10:2 arasında görüyoruz. Olağanüstü bir an. İnsanlar Tanrı'nın kurbanla ilgili buyurduğu her şeyi yapmışlardı ve bu itaatleri tamamlandığında da, Tanrı görkemini gönderip sunağın üzerindeki kurbanı yakıp yok etti:

"Musa'yla Harun Buluşma Çadırı'na girdiler. Dışarı çıkınca halkı kutsadılar. O zaman RAB'bin yüceliği halka göründü. RAB bir ateş gönderdi. Ateş sunağın üzerindeki yakmalık sunuyu, yağları yakıp küle çevirdi. Bunu gören halkın tümü sevinçle haykırarak yüzüstü yere kapandı. [Tanrı'nın yüceliğinin insanlara gösterilişi ve sunaktaki kurbanı yakıp yok eden bir ateş. Şimdi okuyacağımız ilk iki ayette Kutsal Kitap'taki en acı olaylardan birini görüyoruz:]

Harun'un oğulları Nadav'la Avihu, [Nadav en büyükleriydi ve Harun'un yerine Başrahip olması kararlaştırılmıştı] *buhurdanlarını alıp içlerine ateş, ateşin üstüne de buhur koydular. RAB'bin buyruklarına aykırı bir ateş sundular. RAB bir ateş gönderdi. Ateş onları yakıp yok etti. RAB'bin huzurunda öldüler."*

Kurbanı yakıp yok eden aynı ateş orada tapınan bazılarını da yok etmişti! "RAB'bin buyruklarına aykırı ateş" ifadesi ne anlama geliyor? Bence bu Tanrı'nın sunağından alınmamış bir ateşti. Peki, kendi tecrübelerimize göre "RAB'bin buyruklarına aykırı ateş" ne anlama geliyor? Böyle bir ateşin Kutsal Ruh değil de başka bir ruh vasıtasıyla yapılan tapınma olduğunu söyleyebilirim. Böyle bir günahın cezası ise ölümdü.

Çölde Sayım kitabı 16:1-35 arasındaki bölümde, çölde Musa'ya karşı bir başkaldırışın olduğunu, bazı önderlerin 250 buhurdanlık alıp onların içine ateş koyduktan sonra "Biz de Harun kadar iyiyiz. Rahip olmak onun olduğu gibi bizim de hakkımız" dediklerini okuyoruz. Musa onlara şöyle karşılık verdi: "Peki. Öyleyse şu işi bir testten geçirelim." Onlara buhurdanlarına ateş koyarak toplanmalarını söyledi. Bunun ardından Rab'bin bir ateşi gelip 250 adamı yakıp yok etti. Ben buradan şu dersi çıkartıyorum: Buhurdanınızın içindeki her neyse ondan siz sorumlusunuzdur. Tanrı'ya ne tür bir ruh vasıtasıyla yaklaştığınızın sorumluluğu size aittir.

Size ateşle yok edileceğinizi söylemiyorum, ancak Tanrı'nın yargıları çoğunlukla örnek teşkil eder niteliktedir. Başka bir deyişle, Tanrı Sodom ve Gomorra'yı yargıladığı gibi içinde eşcinsellik olan her kenti yargılamadı. O'nun Sodom ve Gomorra üzerindeki yargısı bir örnekti: bu yargı, Tanrı'nın eşcinsellik hakkındaki sonsuz takdirini gösteriyordu.

Diğer bir örneğe daha bakalım. Hananya ve Safira verecekleri sunu konusunda Rab'be yalan söyledikleri zaman ölmüşlerdi (çünkü gerçekte Tanrı'ya vermiş olduklarından daha fazlasını verdiklerini iddia etmişlerdi). Böyle bir şey yapan herkes ölmüyor elbette, eğer öyle olsaydı sanırım kilisede bugün daha az insan olurdu. Ama Tanrı'nın böyle bir şeye karşı takındığı tutum asla değişmeyecektir.

Burada Tanrı'ya "O'nun buyruklarına aykırı olan bir ateşle" yani Kutsal Ruh'tan başka bir ruh vasıtası ile yaklaşma tehlikesi gözlerimizin önüne serilmektedir. Bence bu oldukça somut bir gerçek haline gelmiştir.

Şimdi İbraniler kitabına dönüp Yeni Antlaşma'nın bu konuyu nasıl değerlendirdiğine bir bakalım. (Biliyor musunuz, sorunlarımızdan biri İncil'deki Mektupların imansızlara yazıldığını sanmaktır... Bu yanlış bir kanıdır. Mektuplar esasen Hristiyanlara yazılmıştır.) İbraniler 12: 28-29:

"Böylece sarsılmaz bir egemenliğe kavuştuğumuz için minnettar olalım. Öyle ki, Tanrı'yı hoşnut edecek biçimde saygı ve korkuyla tapınalım. Çünkü Tanrımız yakıp yok eden bir ateştir."

Kutsal Kitap'ın NIV (New International Version) adlı tercümesi "awe" yani derin saygı ifadesini kullanıyor. Şimdi hem kendime hem size soruyorum: Günümüzde kiliselerde Tanrı'ya gösterilen derin saygının ne kadarını bulabiliyorsunuz? Tanrı'nın heybetli varlığının hissedildiği kaç toplantıya katılıyorsunuz?

Geçen yaz İngiltere'deyken kilise hizmetlisi bir arkadaşımla karşılaştım ve bana şöyle bir şey söyledi: "Öyle insanlarla tanışıyorum ki, Tanrı'dan sanki barda karşılaştıkları biriymiş gibi söz ediyorlar." İsa'yla çok samimi bir dostluk ilişkisine sahibiz. O bizi paydaşlığa ve O'nunla birleşmeye davet ediyor, ancak asla ama asla Tanrı'ya duyduğumuz derin saygıyı kaybetmemeliyiz. Bence üzerinde durduğumuz sorunların kökünde yatan şey budur.

Bir an için açıklamaya çalıştığım günümüz ruhsal akımlarına dönecek olursak, bu akımların başlangıcında Kutsal Ruh'un hakiki ve doğal bir işleyişi olduğunu rahatlıkla söyleyebilirim. Bu gibi akımlarda ortaya çıkan sonucun bir bölümü Kutsal Ruh'a dayanıyordu, ancak sonraları bir karışıma dönüştü. Bazı şeyler Tanrı'dandır bazı şeyler değil.

Peki neden? Sorun ne? Benim yanıtım şu: **Cansallık**: Odak noktamızın Tanrı'dan kendi benliğimize, Kutsal Kitap'a uygun nesnel gerçekten kişisel ve öznel deneyime doğru farkına varmadan kayması.

Tanrı'nın kutsallığına karşı duyulan saygı ve huşu yerini büyük ölçüde Kutsal Kitap'a uygun olmayan bir hafiflik ve ciddiyetsizliğe bıraktı. Doğrusu ciddiyetsizliğin günümüz Karizmatik hareketinde salgın bir hastalığa dönüştüğünü söyleyebilirim. Eğer bu suçta bir payımız olduysa tövbe etmemiz gerekir.

Tanrı beni ciddiyetsiz olduğum konusunda birçok kez ikna etti. Bu günahımı itiraf ettim ve tövbe ettim. Bizler dilimize bir bekçi koymak zorundayız.

Charles Finney bir keresinde şöyle demiştir: "Tanrı vicdanları araştırmak için asla bir soytarıyı kullanmaz." Kutsal Ruh'un tipik hizmetlerinden biri de *günah, doğruluk ve gelecek yargı konusunda dünyayı suçlu olduğuna ikna etmektir* (Yuhanna 16:8). Günahları konusunda ikna olmamış bireylerin bulunduğu yerde Kutsal Ruh'un çalışıp çalışmadığını sorgulamamız gerekir.

Kendimizi Korumanın Bir Yolu Var Mı?

Tanrı bu tür bir hataya karşı bir önlem sunuyor mu? Evet! Ancak öncelikle yapılan bu hatanın ilkin cana saldırdığını anlamamız gerekiyor (tabii ki ruh da bundan etkilenebilir). Demek ki korunması gereken şey candır.

Tanrı'nın can için sağladığı koruma eşsiz ve tam yeterli bir temele dayanmaktadır: **İsa'nın çarmıh üzerinde kendini kurban olarak sunması.**

Matta 16:24-25'te İsa şöyle der:

"Sonra İsa, öğrencilerine şunları söyledi: 'Ardımdan gelmek isteyen kendini inkâr etsin, çarmıhını yüklenip beni izlesin. Canını kurtarmak

isteyen onu yitirecek, canını benim uğruma yitiren ise onu kurtaracaktır.'"

İşte size ilahi bir çelişki: Canımızı kurtarmak (korumak) için onu kaybetmeliyiz.

İsa'yı takip etmeye başlamadan önce iki ön aşamayı geçmeliyiz. Öncelikle kendimizi inkâr etmeli, o talepkâr ve çıkarcı egomuza kararlı ve nihai olarak "Hayır!" demeliyiz. Sonra da kendi çarmıhımızı sırtlamalıyız. Çarmıhın bize biçtiği ölüm cezasını kabul etmeliyiz. Çarmıhımızı sırtlamak her birimizin vermek zorunda olduğu gönüllü bir karardır. Tanrı çarmıhı zorla sırtımıza yüklemez.

Eğer günlük yaşantımızda çarmıhımızı kişisel olarak yüklenip taşımazsak, şeytani ruhların etkisine kapıyı aralamış oluruz. Çarmıha gerilmemiş benliğimizin aldatıcı şeytani ruhların baştan çıkartıcı albenisinden etkilenme tehlikesi daima mevcuttur. İnsan karakterinde Şeytan'ın hedef aldığı ve albeniyi içimize girmenin birincil yolu olarak kullandığı ana bölge kibirdir.

Her birimiz kişisel olarak çarmıha boyun eğmeliyiz. Galatyalılar 2:20'de Pavlus şöyle der:

"Mesih'le birlikte çarmıha gerildim. Artık ben yaşamıyorum."

Her birimiz kendine şunu sormalı: Bu benim için de geçerli mi? Gerçekten Mesih'le birlikte çarmıha gerildim mi? Yoksa hala cansal benliğim mi beni yönetiyor?

Bugün pek çok Hristiyan bu çözümün gereğinden fazla radikal olduğunu hissediyor olabilir. Bunun gerçekten de bizi aldanmaya karşı güvende tutacak tek yol olup olmadığını sorgulayan bu kişiler Pavlus'u asla örnek alamayacakları bir çeşit "süper aziz" olarak görme eğilimindedirler.

Ne var ki Pavlus kendisini böyle görmüyor. Bir elçi olarak hizmeti eşsiz bir hizmetti, Mesih'le olan kişisel ilişkisi ise herkesin örnek alacağı türdendi.

1. Timoteos 1:16'da Pavlus şöyle diyor:

"Ama Mesih İsa, kendisine iman edip sonsuz yaşama kavuşacak olanlara örnek olayım diye sınırsız sabrını öncelikle bende sergilemek için bana merhamet etti."

Ve yine 1. Korintliler 11:1'de şöyle diyor:

"Mesih'i örnek aldığım gibi, siz de beni örnek alın."

Çarmıha tek alternatif insanın kendini Mesih'in yerine koymasıdır. Ancak bu putperestliktir ve insanı sürekli olarak putperestliğe iten şeytani sonuçlara kapı açar.

Çarmıh, Hristiyan imanının kalbi ve merkezidir. Çarmıh vaaz edilmez ve ona boyun eğilmezse Hristiyanlık, üzerine kurulacağı temelden yoksun kalır ve savunduğu gerçekler artık geçerli olmaz. O artık sahte bir din haline gelmiş olur. Böylece (diğer bütün sahte dinlerde olduğu gibi) kaçınılmaz olarak Şeytan'ın içeriye sızmasına ve aldatmacasına maruz kalır.

Yanlış Yola Sapıp Kaybolan Beş Akım

Bütün bunları söyledikten sonra, şimdi de sizlere Karizmatik hareket içinde bu tür hatalara düşen beş akımdan örnek vereceğim. Bunların her biriyle o ya da bu şekilde bir tür ilişkim olmuştu. İkinci Dünya Savaşı'ndan kısa bir süre sonrası: Kanada'da Saskatchewan'da "Son Yağmurlar" diye adlandırılan bir Kutsal Ruh dökülüşü yaşanıyordu. Çok kuvvetli bir etki yaratmış ve pek çok insanın Kuzey Amerika'nın çeşitli bölgelerinden Saskatchewan'a gitmesine sebep olmuştu. Bu akımın özünde Kutsal Ruh'un bütün armağanlarının gerçek özüne kavuşturulması olduğunu söyleyebilirim.

Sonra Chicago'daki Full Gospel Businessmen'in başkanı ve de iyi bir Hristiyan olan bir adam tanıdım. Bana bu toplantılara gittiğinde ona neler olduğunu anlattı. Toplantıların dokuz saat sürdüğünü ve toplantıyı bırakıp tuvalete bile gidemeyecek kadar heyecanlı bir ortamın olduğunu söyledi. Peki, sonra ne oldu? Önder kibre kapıldı, kendine çok güvenmeye başladı ve ardından da ahlaksızlığa düştü. O sebeple de Ruh'un armağanlarını itibarsız hale getirdi.

Daha sonra 1957-1962 arasında Kanada Pentekostal Topluluğu ile birlikte misyoner olarak görev yaptım (değerli insanlardı, ancak hiçbir ruhsal armağan hiçbir şekilde uygulanmıyordu.) Bir gün onlara şöyle dedim: "Biz neden hiç ruhsal armağanları uygulamıyoruz?" Yanıt şöyle geldi: "Armağanlar 'Son Yağmurlar'daydı." Başka bir deyişle o akım bizim armağanları yaşamamızı olanaksız kılmıştı. Biz de aynı yoldan gidebilirdik. Görüyor musunuz? İyi olan şeyleri kötüye kullandırarak gözden düşürtmek Şeytan'ın yöntemlerinden biridir.

Diğer bir akımın adı da "Ortaya Çıkan Çocuklar"'dı (Eminim bazılarınız bunu hatırlar). Bunlar Kutsal Kitap'tan *"Yaratılış, Tanrı çocuklarının ortaya çıkmasını büyük özlemle bekliyor"* ayetini kendileri için seçen çok kuvvetli bir grup adamdı. Bu adamların gerçekten güçlü bir hizmeti vardı, özellikle de kötü ruhları kovma konusunda. Ancak kötü ruhları kovarken bu ruhlarla uzun diyaloglara girip onlardan bir takım belirtiler almak peşindeydiler. İnancıma göre kötü ruhlardan gelecek belirtilerin ardından gitmek tamamen yanlış bir şeydir.

Bunun sonunda içlerinden bazıları, abartılı bir ilahiyatla diriliş bedenlerine şimdiden sahip olduklarını iddia ettiler. Bunun ardından içlerinden ikisi bir uçak kazasında hayatlarını kaybetti. Tanrı sanki onlara şöyle diyordu: "Dirilmiş bedenleriniz nerede şimdi?" Bu adamlar başlangıçta iyi insanlardı.

Bir de "Tanrı'nın Çocukları" vardı. Kaçınız "Tanrı'nın Çocukları" adlı topluluğu duydu?

Daha sonraları isimlerini "Aile" olarak değiştirdiler. Aralarında güçlü bir şekilde hizmet veren Linda Meisner isimli bir kadın vardı. Onunla iki ya da üç kez karşılaşmıştım. Çok adanmış ve güçlü bir kadındı. Amerika'nın gençleri için yüreğinde ağır bir yük hissediyordu. Ne var ki, kibir onu ele geçirdiğinde kendi çıkarları için başkalarını kullanan ve insanlara egemen olmaya çalışan birine dönüştü. "Tanrı'nın Çocukları" hareketinin içinde olan birçok genç onun kontrolü altına girdi. Bu durum gençlerin aileleriyle olan ilişkilerini yok etti ve felakete dönüştü. Ancak hizmetinin başlangıcında her şeyi doğru yapan biri olduğuna inanıyorum.

Bir de William Branham vardı. Hizmetinin sonlarına doğru kendisiyle kısa bir işbirliğim olmuştu. Full Gospel Businessmen'de kendisiyle iki ya da üç kez aynı platformda bulunmuştum. William Branham'ınki bazı yönlerden benim bildiğim en dikkate değer hizmetlerden biriydi. O çok nazik, alçakgönüllü ve sevecen bir adamdı. Bilgi sözleri söyleme hizmeti tümüyle efsaneviydi. Hiç kimse Branham'ın yanlış bir bilgi sözü ilettiğini duymamıştır.

Arizona Phoenix'de kendisiyle bir toplantıda beraberdim. Platformun üstündeydi ve dinleyenlerin içindeki bir kadını seçip ona "Sen buraya kendin için gelmedin. Torunun için buradasın" dedi. Ve sonra kadına adını ve New York kentindeki açık adresini söyledi. O sırada bulundukları yer New York'tan yaklaşık 3200 km uzaktaydı.

Fakat maalesef, bu armağanını iki üç kez kullandıktan sonra bayıldı ve yardımcıları gelip onu kaldırdılar ve götürdüler. Branham bunu İsa'nın *"kendimden kuvvet çıktığını hissettim"* cümlesiyle açıkladı. Ancak İsa bayılmamıştı. Bunu yapanın Kutsal Ruh olduğuna inanmıyorum. Bence bu şeytani bir ruh aracılığıyla gerçekleşti.

Daha sonra Branham'ın müjde toplantılarında hatırı sayılır bir süre için Kutsal Kitap öğretmeni olarak hizmet etmiş olan Ern Baxter ile yakın arkadaş olduk. Ern Branham'ı yürekten severdi, ancak bazı şeylerden dolayı kalbi kırılmıştı. Bir gün birkaçımızı topladı ve şöyle dedi: "Size Branham hakkında bir şey söylemek istiyorum. Söyleyeceğim şeyleri kimseye anlatmanızı istemiyorum. Yalnızca bilmenizi istedim."

Bu konuyla alakalı herkes zamanın sahnesinden ayrıldığına göre onun Branham hakkında ne söylediğini açıklayabilirim. Şöyle demişti: "Branham'ın iki ruhu var; biri Tanrı'nın Ruhu diğeri değil." Bir keresinde toplandıkları bir zamanda, Branham tavanda asılı olan bir ampulü göstererek "Sahip olduğum güç şu ampulü yerinden oynatabilir" demişti.

Bence Branham sonuna kadar Mesih'te kalmıştı, ancak onu kullanmak isteyen bazı kişilerce ele geçirilmişti. Kendisine hiç "İlyas" dememesine rağmen takipçilerinin onu böyle çağırmalarına izin veriyordu. Bir araba kazasında, sarhoş bir sürücünün arabasına çarpması sonucunda hayatını kaybetti. Takipçileri Paskalya Pazar'ına kadar onu korumak için bedenini mumyaladılar. Böyle bir şeyi yapmalarının sebebi onun dirileceğine ikna olmuş olmalarıydı. Ama o dirilmedi.

Branham Ruh'la yürüdüğü ve Ruh'un meshedişi altında olduğu günlerde neredeyse karşı konulamaz biriydi. Bir keresinde, kötü ruha yakalanmış bir adam toplantı sırasında ona saldırmaya kalktı. Branham, adama diz çöküp vaazını bitirinceye dek orada kalmasını emretti. Adam

Branham'ın vaazı boyunca orada aynı pozisyonda dizleri üzerinde bekledi. Ne var ki, Branham'ın sonunun belki de en iyi tabirle bir hayal kırıklığı olduğunu söylemek zorundayım.

Sıradaki akımın adı "Öğrencilik" – veya "Çobanlık Hareketi"dir. Bu akıma kendim de şahsen yakın bir şekilde katılmıştım ve size bu akımın Tanrı'nın olağanüstü müdahalesiyle başladığını söyleyebilirim. Başladığında oradaydım. Ben dahil dört vaiz (Bob Mumford, Charles Simpson, Don Basham ve ben) bir toplantıda konuşmacıydık. Toplantının ortasında, toplantıyı organize edip yöneten adamın bilfiil eşcinsel olduğunu öğrendik. Kendi kendimize "Bu konuda ne yapacağız?" diye düşünüyorduk. Sonunda motelde birimizin odasında bir araya gelmeye karar verdik (benim odamda değil). Dördümüz birden diz çöküp dua ettik ve ayağa kalktığımızda hepimiz de şunu biliyorduk: Bu konuda hiç düşünmememize, hiç dua etmememize, hatta böyle bir şeyi özellikle istememememize rağmen Tanrı bize katılmıştı.

Ancak buna rağmen, yaşadığımız bu tecrübe bir sene bile olmadan yok olmaya başlamıştı. Bu konudaki kişisel izlenimim şuydu: Ana sorun kendisini farklı şekillerde gösteren kişisel tutkulardı. Birimiz akımın lideri olmak istemişti, bir diğeri ise bir platformda göz önünde olmak istiyordu vs. Ben de onlardan biriydim. Yaşadıklarıma dayanarak, günümüzde kiliselerde hizmete yönelik kişisel tutkulardan daha büyük bir sorun olmadığını söyleyebilirim.

Diğer bir sorun da düşüncemizde yenilenmemiş olmamızdı. Hala eski kilise mantığıyla hareket ediyorduk. Bizden hoşlanmayan herkes bize: "Bakın, siz gerçekten de bir çeşit tarikatsınız" diyordu. Önderimiz ise onları "Oh, hayır. Biz bir tarikat değiliz, asla da olmayacağız" diyerek yanıtlıyordu. Ancak olayların mantığı engellenemez. O ve grubu bir tarikata dönüşmüştü.

Sorunumuzun kökeni düşüncemizde yenilenmemiş olmamızdı. Hala kilisenin geleneksel yaklaşım biçimiyle düşünmekteydik. Kilisenin bu konuda üzerine düşeni yapmadığını düşünüyorum. Tanrı'nın amaçlarıyla aynı çizgide olabilmemiz için düşünce şeklimizde bir devrim olması gerektiğine inanıyorum.

Şimdi anlattığım bu beş örneği listeleyelim:

Son Yağmurlar
Ortaya Çıkan Çocuklar
Tanrı'nın Çocukları
William Branham
Öğrencilik/Çobanlık Hareketi

Son olarak tüm bu akımlarda ortak olduğunu düşündüğüm iki unsurdan bahsetmek istiyorum. Birinci Unsur: Kibir. Kibir bana göre tüm günahlar içinde en tehlikeli olanıdır. Bir keresinde bir vaiz arkadaşımın şöyle dediğini duymuştum: "Kibir, günahlar arasında Şeytan'ın sizi suçlu hissettirmeyeceği tek günahtır." Özdeyişler 16:18. Bu çok kısa ayet şöyle diyor:

"Gururun ardından yıkım,
Kibirli tutumun ardından düşüş gelir."

Dikkat ederseniz insanlar genelde "Kibir düşüşten önce gider" diyorlar. Kutsal Kitap'ın dediği bu değildir. Kutsal Kitap şöyle der: *"Gururun ardından yıkım gelir."* Geri dön! O yola devam etme. Çünkü onun sonu yıkımdır. Şu anda size olduğu kadar kendime de konuşuyorum.

Bu beş akımda ortak olduğunu düşündüğüm unsurlardan ikincisinden zaten bahsetmiştim:

Ruhların karışımı. Hepsinde de hem gerçek hem de yanlışlar bir aradaydı. Kutsal Ruh ve diğer ruhlar bir aradaydı. Diğer ruhların içeri sızabilmelerinin yolunu hazırlayan şey ise, kişilerin dünyasallıktan cansallığa ve oradan da şeytani olana doğru düşüşleri olmuştu.

Şunu unutmayın, cansal kişi temelde benmerkezcidir. 2. Timoteos 3:1-5'te Pavlus bu çağın sonunda insanlığın içinde bulunacağı durumu açıklar ve bence bizler bu zamanı yaşamaktayız. Pavlus burada on sekiz günah ya da ahlaki kusur listeliyor:

"Fakat şunu bil ki, [burası Pavlus'un empati yaptığını hatırladığım tek bölüm. Timoteos'a "şundan tamamıyla emin ol..." diyor] *son günlerde çetin ve bunalımlı bir dönem gelecek..."* (1. ayet)

Çetin diye tercüme edilen sözcük yalnızca bir yerde daha kullanılmaktadır, o da Matta 8:28'dir. Burada İsa'yla karşılaşan iki kötü ruha tutulmuş adamdan bahseder. Buradaki İngilizce sözcüğe dikkat edin: *Fierce (vahşi).* Yani, *vahşi* zamanlar gelecek ve hatta gelmiştir! İstediğiniz kadar dua edebilirsiniz, ancak bunu değiştiremezsiniz.

Çünkü Tanrı diyor ki: *"Şunu bil ki... vahşi (çetin) zamanlar gelecek."* Bunu değiştiremezsiniz, ancak Tanrı'dan sizi buna hazırlamasını isteyebilirsiniz.

Sonra Pavlus bu on sekiz ahlaki kusuru sıralıyor:

"İnsanlar kendilerini seven, para düşkünü, övüngen, kibirli, küfürbaz, anne baba sözü dinlemez, nankör, kutsallıktan ve sevgiden yoksun, uzlaşmaz, iftiracı, özünü denetleyemeyen, azgın, iyilik düşmanı olacaklar. Hain, aceleci, kendini beğenmiş, Tanrı'dan çok eğlenceyi seven..." (2-4)

Dikkat ederseniz liste insanların sevdikleri şeylerle başlayıp bitiyor. Kendini seven, parayı seven ve eğlenceyi seven. Ancak tüm bunların kökünün insanın nefsini sevmesine dayandığını belirtmek isterim. Kötüyü içeri buyur eden şey budur. Cansallık. **Bana** odaklanmak. Tanrı **benim** için ne yapacak? Benim **bundan** kazancım nedir?

5. ayet şöyle devam ediyor:

"...Tanrı yolundaymış gibi görünüp bu yolun gücünü inkâr edenler olacaklar. Böylelerinden uzak dur!"

Bu insanlar, bu on sekiz korkunç ahlaki durumlarıyla *bir çeşit tanrısallığa* sahiptirler. Bu kişiler imansız ya da ateist değiller. Şahsen ben, Pavlus'un *tanrısallık* ifadesini Hristiyan bağlamının dışında kullanacağını hiç sanmıyorum. Demek ki bu insanlar Hristiyan olduklarını iddia eden kişilerdir. Peki, sorun ne? **Nefsini sevmek.** Nefsimizi sevmek, tüm diğer sorunlara tek tek kapı açan şeydir. Benmerkezcilik. Karışıma götüren yol ondan geçer.

Bir şeyden daha bahsedip sonra bu kısmı kapatacağız. Karışımın çalışma yöntemi şudur: Karmaşaya ve ardından da bölünmeye yol açar. Çünkü sonuçlarının bir kısmı iyi, bir kısmı ise kötüdür. Bir kısmı gerçek, bir kısmı ise yanlıştır.

Bu, insanların buna iki şekilde tepki vereceği anlamına gelir: Bazıları yanlış olana sarılıp gerçeği reddedecek bazıları da gerçeğe odaklanıp yanlış olanı da beraberinde kabul edecektir. Ve bu yüzden karmaşa ve karmaşadan da bölünme doğuyor. İnsanlar çok katı bir şekilde kendilerini bu alternatiflerden birine adıyorlar. Buna ne sebep oluyor? Karışım. Karışımı hoş görme lüksüne sahip değiliz.

Karışıma neyle karşılık verebiliriz? Gerçek'le! Tanrı Sözü'nün saf ve su katılmamış gerçeğiyle!

Bir keresinde ABD'de bunu yaşamıştım. Sokakta, evimizin önünde meydana gelen bir kazaya tanık olan tek kişiydim. Sonuç olarak mahkemede tanıklık yapmam istendi.

Tanıklığımı yapmadan önce, *gerçeği, sadece gerçeği* söyleyeceğime dair yemin etmem istendi.

Bu, laik bir mahkemenin standardı iken biz Hristiyanların **gerçekten ve sadece gerçekten** yana daha fazla tavır almamız gerekmez mi?

BÖLÜM 3

DÖRT KORUYUCU

Bu bölümdeki paylaşımımız 19. Mezmur'un son üç ayetinden geliyor:

"Kim yanlışlarını görebilir?
Bağışla göremediğim kusurlarımı,
Bilerek işlenen günahlardan koru kulunu;
İzin verme bana egemen olmalarına!
O zaman büyük isyandan uzak,
Kusursuz olurum.
Ağzımdan çıkan sözler,
Yüreğimdeki düşünceler,
Kabul görsün senin önünde,
Ya RAB, kayam, kurtarıcım benim."

Birinci bölümde size ciddi olduğunu düşündüğüm bir sorunu anlatmıştım. İkinci bölümde de bu sorunun ortaya çıkış sebepleri hakkında Kutsal Kitap'a dayanan bir açıklama vermeye gayret

ettim. Bu son bölümde ise, bizi bu tür sorun-
lardan koruyacak Kutsal Kitap'a dayanan dört
koruyucu öneride bulunmak istiyorum.

Koruyucu 1

İlk koruyucuyu 1. Petrus 5:5b-6 arasında görü-
yoruz:

*"Tanrı kibirlilere karşıdır. Ama alçakgönüllü-
lere lütfeder. Uygun zamanda sizi yüceltmesi
için, Tanrı'nın kudretli eli altında kendinizi
alçaltın..."*

Gerekli ilk şartın **kendimizi alçaltmak** olduğuna
inanıyorum. Kutsal Kitap der ki: *"Tanrı kibirli-
lere karşıdır."* Dolayısıyla, eğer Tanrı'nın huzu-
runa kibirli bir şekilde gelmeye çalışıyorsak
belki kendimizi O'na doğru itiyor olabiliriz ama
böyle bir durumda Tanrı da bize karşı direne-
cektir (ve O bizden daha güçlü bir şekilde dire-
necektir). Kutsal Kitap'ın hiçbir yerinde Tan-
rı'nın bizi alçaltacağı yazmaz. Tanrı kendimizi
alçaltma sorumluluğunu daima bize yükler. Bu
bizim vermek zorunda olduğumuz bir karardır.
Bizim için bunu kimse yapamaz. İnsanlar bizim
için dua edebilir ve bu konuda bize vaaz ede-

bilirler, ancak *"Uygun zamanda bizi yüceltmesi için, Tanrı'nın kudretli eli altında kendimizi alçaltma"* kararını vermesi gerekenler bizleriz.

Kibrin en büyük ve en yok edici ortak sorun olduğuna inandığımı sizlere daha önce söylemiştim. Kibrin ardından yıkım geldiğini daha önce gördük. Eğer kibirli yollarımızdan dönmezsek sonumuz yıkım olacaktır. Bununla birlikte, şu bölümü oldukça faydalı ve ilham verici buluyorum. 25. Mezmur 8-9:

"RAB iyi ve doğrudur,
Onun için günahkârlara yol gösterir.
Alçakgönüllülere adalet yolunda öncülük eder,
Kendi yolunu öğretir onlara.

Biz günahkârlara Kendi yolunu öğretme konusundaki gönüllülüğü Rab'bin lütfundan kaynaklanır. Ancak Tanrı öğrencilerini zihinsel niteliklerine bakarak değil karakterlerine bakarak okuluna kabul eder. Pek çok insan Kutsal Kitap okuluna ya da bunun gibi bir şeye katılabilir, ancak asla Tanrı'nın okuluna giremeyebilirler çünkü Tanrı yalnızca alçakgönüllü kişiyi kabul eder. *"Alçakgönüllülere adalet yolunda öncülük eder... Kendi yolunu öğretir onlara."*

Kutsal Kitap'ın King James tercümesi *ezik (yumuşak başlı)* ifadesini kullanır. Gördüğüm kadarıyla *ezik* ifadesi modern tercümelerden çıkarılmıştır. Peki, *alçakgönüllü* ve *ezik* arasında nasıl bir fark vardır? Anladığım kadarıyla *alçakgönüllü* sözcüğü insanın iç davranışlarını tanımlarken *ezik* sözcüğü bunları ifade ediş şeklimizi tanımlamaktadır. Belki de bu günlerde *ezik* sözcüğüne o kadar da ihtiyacımız kalmamıştır çünkü bu ifade artık yalnızca pek az kişide karşılığını bulmaktadır! Sözcüklerin modern kullanımlardan silinip gitmelerinin genelde bir sebebi vardır.

Koruyucu 2

Şimdiki koruyucumuz 2. Selanikliler 2:9-12'den:

"Yasa tanımaz adam [mesihkarşıtı] *her türlü mucizede, yanıltıcı belirtilerle harikalarda ve mahvolanları aldatan her türlü kötülükte sergilenen Şeytan'ın etkinliğiyle gelecek..."*

Şunu aklınızda bulundurun, Şeytan da harikalar ve belirtiler yapma gücüne sahiptir. Mesih karşıtının ortaya çıkacağı yerin görünürde Karizmatik hareket olduğunu, çünkü çoğu Karizmatiğin doğaüstü her belirtinin Tanrı'dan geldiğini düşündüğünü sıklıkla ifade etmişimdir. Bu düşünce doğru değildir. Şeytan da büyük harikalar ve belirtiler yapma gücüne sahiptir. Peki, kendimizi nasıl koruruz? Ayet şöyle devam ediyor:

"...Mahvolanlar, gerçeği sevmeye ve böylece kurtulmaya yanaşmadıklarından mahvoluyorlar."

Bu durumda aldanmaya karşı bizi koruyan nedir? **Gerçeğin sevgisini kabul etmektir.** Ve yine, bu kişisel olarak yapmamız gereken bir şeydir. Tanrı bize bunu sadece sunar; onu alması gereken bizleriz.

Tanrı, gerçeğin sevgisini kabul etmeyenler içinse şöyle diyor:

"İşte bu nedenle Tanrı yalana kanmaları için onların üzerine yanıltıcı bir güç gönderiyor. Öyle ki, gerçeğe inanmayan ve kötülükten hoşlananların hepsi yargılansın."

Ürkütücü bir ayet. *"Tanrı onların üzerine yanıltıcı bir güç gönderiyor."* Eğer Tanrı üzerinize yanıltıcı bir güç gönderirse bu güç sizi yanıltacaktır!

1994 yılında (bu benim kişisel ve öznel bir yorumum) Kudüs'te bir gece tuvalete gitmek için uyandım. Yatağıma geri dönerken Tanrı çok net bir şekilde aklıma 1992'de seçilmiş olan o dönemin İsrail yönetiminin üzerine güçlü bir aldatıcı gönderdiği düşüncesini soktu. Sanırım o andan itibaren gerçekleşen her şey bunu onaylıyor. Bu son derece önemli bir şeydir, çünkü eğer Tanrı güçlü bir aldatıcı göndermişse, bu insanların aldanmaması için dua etmek bile boşunadır.

Böyle bir durumda iki şekilde dua edebiliriz: Birincisi, Tanrı'nın bu aldanma aracılığıyla Kendi iradesini gerçekleştirmesi için. (Bunun sonucu olarak o hükümetin feshedilmesi gibi bir amaç olduğu da görünüyordu.) İkincisi de, Tanrı'nın bizi böyle bir aldanma içine girmekten koruması için.

İnsanları kontrol etmek için cansal anlamlarıyla kullanılan iki sözcük vardır: Biri *barış,* diğeri de *sevgi.* İşte Orta Doğu halkları ve muhtemelen dünyanın bütün insanları bu şekilde barış vaadiyle etki altına alınmaktadır. Dolayısıyla, buna karşı çıktığınız takdirde siz kötü biri oluyorsunuz. Bugün bu barışa karşı olan herkesin kötü kişi olması kaçınılmazdır. Bu yüzden de bu barış vaadine aykırı davrandığınızda kendinizi suçlu hissedersiniz.

Ancak barış için bazı şartlar vardır. Yeşaya 48:22'de peygamber şöyle der: *"Kötülere esenlik yoktur."* Ayrıca Romalılara Mektup 14:17 de şöyle söylüyor: *"Tanrı'nın Egemenliği ... doğruluk, esenlik ve Kutsal Ruh'ta sevinçtir."* Doğruluk olmaksızın barış olmaz. Sevinç için dua eden pek çok Hristiyanla karşılaştım. Ancak doğruluk şartını yerine getirmedikleri takdirde bu kişiler sevince ulaşamazlar. *Barış* sözcüğünü insanları kontrol altına almak için kullanan politikacılar onları kandırıyorlar, çünkü barış doğruluk yolunda yürümeyenlerle olmaz.

Kontrol aracı olan bir diğer sözcük ise kiliselerde de kullanılan *sevgi* sözcüğüdür. Kiliselerde insanlar; Tanrı'nın sevgisi hakkında, O'nun sevecenliği hakkında, bizi sevdiği ve bize karşı ne kadar nazik olduğu hakkında epeyce fazla konuşuyorlar. Bunların hepsi de doğru, ancak Tanrı aynı zamanda çok da otoriter bir Tanrı'dır.

Benim vardığım kişisel sonuç şudur (kişisel deneyimlerime ve bana yakın olan insanlar üzerindeki gözlemime dayanarak): Tanrı'ya karşı yaptığınız hiçbir şey yanımıza kalmaz. Hiçbir şey! Paçayı kurtardığınızı sanabilirsiniz, Tanrı sizi gerçekten affetmiş de olabilir, ancak yine de yaptığınız şeyin sonuçlarıyla yüzleşmek zorunda kalabilirsiniz. Yani Tanrı affeder, ancak yaptığımız şeyin sonuçlarından da bizi öylesine serbest bırakmaz.

Bu yüzden kendinize Tanrı hakkında duygusal bir tablo yaratmayın. O, küçük çocuklara şeker dağıtan Noel Baba değildir; adil, doğru ve çok seven (ancak bir anlamda da oldukça sert) bir Tanrı'dır. Tanrı'ya karşı yaptığınız hiçbir şey yanınıza kalmaz. En iyisi bunu hiç denememektir!

Günümüzde sevgi unsurunun insanları kontrol altına almak için kullanıldığına dair bir hisse sahibim. İnsanlar Tanrı'nın sevgisi ve sevecenliği hakkında konuşuyorlar (ve bunların hepsi doğrudur). Ancak Tanrı'nın sevgisi şaşırtıcı yollarla açığa çıkar. Daha önce de bahsettiğim gibi, İsa Laodikya'daki kiliseye şöyle dedi: *"Ben sev-*

diklerimi azarlayıp terbiye ederim." İşte sevgi budur. Tanrı bizim Babamızdır ve bizi sever, ancak gerektiğinde de bizi disipline sokar.

Tanrı'nın disiplinine iki şekilde yanlış karşılık verebiliriz. Şimdi İbraniler 12:5-8'e bakacağız. Bu cümleler Hristiyanlara hitap ediyor:

"Size oğullar diye seslenen şu öğüdü de unuttunuz: 'Oğlum, Rab'bin terbiye edişini hafife alma, Rab seni azarlayınca cesaretini yitirme. Çünkü Rab sevdiğini terbiye eder, oğulluğa kabul ettiği herkesi cezalandırır. Terbiye edilmek uğruna acılara katlanmalısınız. Tanrı size oğullarına davranır gibi davranıyor. Hangi oğul babası tarafından terbiye edilmez? Herkesin gördüğü terbiyeden yoksunsanız, oğullar değil, yasadışı evlatlarsınız.'"

Tanrı'nın terbiyesine iki şekilde yanlış karşılık verebiliriz. Öncelikle şu şekilde bir uyarıyla karşı karşıyayız: *"Rab'bin terbiye edişini hafife alma."* Omzunuzu silkip "E ne olmuş yani?" demeyin. Bana kalırsa pek çok olgun Hristiyan, Tanrı'nın kendilerini artık terbiye etmeyeceğine inanıyor. Gerçek şu ki, O terbiye etmekten asla vazgeçmez.

Musa'nın hikâyesi benim bunu çok etkili bir şekilde anlamamı sağladı. Tanrı onu seksen yaşında seçti ve İsrail'i Mısır'dan kurtarmak için görevlendirdi. Sonra da onu Mısır'a geri gönderdi. Ancak Rab yolda onun karşısına çıktı ve onu öldürmeye kalktı (Mısır'dan Çıkış 4:24-26). Sıra dışı!

Peki, neden? Çünkü oğlunu sünnet etmemişti. Tanrı'nın İbrahim ve onun soyuyla yaptığı anlaşma işaretine itaatsizlik etmişti. Görünüşe göre Tanrı, Musa'nın itaatsizliğini görmektense onun ölmesini tercih ediyordu. Bazen bizler şöyle deriz: "Şeytan bana karşı koyuyor." Ancak genelde işin gerçeği, Şeytan'ın değil Tanrı'nın bize karşı koyduğudur. *"Tanrı kibirlilere karşıdır, ama alçakgönüllülere lütfeder."*

Yanlış olan diğer tepki ise Tanrı tarafından azarlanınca *cesaretinizin kırılmasıdır*. Sakın şöyle demeyin: "Bu katlanabileceğimin de ötesinde. Ey Tanrı, neden bunun başıma gelmesine izin verdin? Ben buna dayanamam! Bu kadarı bana fazla." İşte bunlar yanlış olan iki tutumdur: Terbiyeyi hafife almak ve cesaretimizi yitirmek.

Peki ya gerçeğin sevgisi? *Sevgi* sözcüğünün Grekçe karşılığı hepimizin bildiği bir sözcük olan *agape*dir. Bu, oldukça güçlü bir sözcüktür. Grekçe'de sevgi ifadesinin en güçlü karşılığıdır. Bunun anlamı sadece sabahları Kutsal Kitap'ınızı okumak, ya da kiliseye gidip vaaz dinlemek değildir. Bu ifade Tanrı'nın gerçeğine tutkulu bir bağlılık anlamını taşımaktadır. Aldanmaktan korunmak istiyorsak, içimizde böylesi bir sevgi geliştirmeliyiz. *"Tanrı, gerçeğin sevgisini [agape] kabul etmeyenlerin üzerine yanıltıcı bir güç gönderiyor."* Bu, Tanrı'yla yalnızca bir "sessiz zaman" geçirmekten ya da hafta sonları Kutsal Kitap'ınızı okumaktan çok daha fazla bir anlam ifade eder. Bunun anlamı Tanrı'nın gerçeğine tutkulu bir bağlılıktır.

Kendimi övmek için söylemiyorum ama sanırım Tanrı bana bu armağanı verdi. Tanrı'nın bana gerçek için tutkulu bir bağlılık armağan ettiğini düşünüyorum. Gerçek ile ilgisi olmadığını hissettiğim bir şey duyduğum zaman içimde bir şey ayaklanıyor. Tanrı sizin için de bunu yapabilir, ancak O'na bunun için izin vermek zorundasınız. İşte bu da bizim ikinci koruyucumuzdur: *Gerçeğin sevgisini kabul etmek.*

Koruyucu 3

Üçüncü koruyucumuz ise şudur: **İçimizde Rab korkusu geliştirmek**. Pek çok imanlı, Hristiyanca yaşamında artık korkunun olmadığını söyler. Bu doğru değil. Tabii ki bazı korkuların artık Hristiyan yaşamında yeri yoktur, ancak hepsinin değil. Size Ruth ve benim Rab korkusu hakkında ezberlediğimiz en az bir düzine birbirinden farklı ayet aktaracağım. Vaatler öylesine heyecan verici ki, insanların neden Rab korkusuna yanaşmak istemediklerini anlayamıyorum.

İşte bunlardan bazıları: Mezmur 34:11-14:

"Gelin, ey çocuklar, dinleyin beni:
Size RAB korkusunu öğreteyim.
Kim yaşamdan zevk almak,
İyi günler görmek istiyorsa,
Dilini kötülükten,
Dudaklarını yalandan uzak tutsun.
Kötülükten sakının, iyilik yapın;
Esenliği amaçlayın, ardınca gidin."

Bunun anlamı şudur: Rab korkusu, Tanrı'nın size iyi günler göstermesini sağlayacaktır. Bunun için Tanrı'nın üzerinde durduğu ilk alan neresi?

Dil. *"Dilini kötülükten... Dudaklarını yalandan uzak tutsun."*

Mezmur 19:9:

"RAB korkusu paktır, sonsuza dek kalır... RAB'bin ilkeleri gerçek, tamamen adildir."

Eyüp 28:28:

"İnsana, 'İşte Rab korkusu, bilgelik budur' dedi, 'Kötülükten kaçınmak akıllılıktır.'"

Bilgelik ve akıllılık için öncelikle aranan şeyin zihinsel değil ahlaki bir şey olduğunun altını çizmek istiyorum. Bunlara ulaşmak için aranan nitelik *kötülükten kaçınmaktır*. Ortalıkta epeyce fazla akıllı budala var.

Özdeyişler 8:13:

"RAB'den korkmak
Kötülükten nefret etmek demektir.
Kibirden, küstahlıktan,
Kötü yoldan, sapık ağızdan nefret ederim."

Eğer içinizde Tanrı korkusu varsa, kötülüğe karşı tarafsız kalamazsınız; kötülükten nefret etmelisiniz. Peki, nefret edeceğiniz ilk şey nedir? *Kibir. Böbürlenme.*

Özdeyişler 9:10-11:

"RAB korkusudur bilgeliğin temeli.
Akıl Kutsal Olan'ı tanımaktır.
Benim sayemde günlerin çoğalacak,
Ömrüne yıllar katılacak."

Uzun bir ömür istiyor musunuz? *Rab'den korkun.* Ancak uzun bir ömür yaşamak yeterli değildir; sefil bir şekilde de uzun bir ömür yaşayabilirsiniz. Ancak Tanrı, *Rab korkusuyla* yaşadığımızda bize uzun ve bereketli bir yaşam sunar.

Özdeyişler 14:26, 27:

"RAB'den korkan tam güvenliktedir,
RAB onun çocuklarına da sığınak olacaktır."

Rab korkusu sizi korkak yapmaz, aksine size *sağlam bir güven* verir. Ve çocuklarınız için *bir sığınak* sağlar. Bu günlerde bunun çok önemli olduğunu düşünüyorum. Ayet şöyle devam ediyor:

"RAB korkusu yaşam kaynağıdır,
İnsanı ölüm tuzaklarından uzaklaştırır."

Burada oldukça canlı bir tabloyla karşı karşıyayız. Şeytanın *ölüm tuzakları* vardır. Bunlardan nasıl sakınabiliriz? Rab korkusu ile.

Özdeyişler 19:23 neredeyse inanılmaz bir ayet ve bu ayete neredeyse hiç inanamıyorum, ancak Kutsal Kitap böyle söylüyor:

"RAB korkusu
Doygun ve dertsiz bir yaşama kavuşturur.
(Kötü ona dokunmaz)"

Böyle bir vaadi nasıl geri çevirebilirsiniz? *Doygun ve dertsiz bir yaşama kavuşturur.* Kötü ona dokunmaz. Bu illa da rahat bir hayatınız olacak anlamına gelmiyor.

Özdeyişler 22:4:

"Alçakgönüllülüğün ve RAB korkusunun ödülü,
Zenginlik, onur ve yaşamdır."

Bu ayetleri incelediğinizde en az yüzde ellisinin Rab korkusunun yaşamla bağlantılı olduğunu söylediğini göreceksiniz. İyi bir yaşamın için ana şartlarından biri Rab korkusudur.

Şimdi de bu ayetlerden en önemlisi olduğunu

düşündüğüm, Yeşaya 11:1-2'de Mesih hakkında yapılan peygamberliğe bir bakalım:

"İşay'ın kütüğünden yeni bir filiz çıkacak, kökünden bir fidan meyve verecek. [Tüm Yeni Antlaşma ayetleri bu kişinin İsa olduğunu tasdikliyor. Şimdi şunu dinleyin:] *RAB'bin Ruhu, bilgelik ve anlayış ruhu; öğüt ve güç ruhu, bilgi ve RAB korkusu ruhu, O'nun üzerinde olacak."*

Çok ilginç bir şekilde İsa'nın üzerindeki Ruh'un yedi katlı olduğunu görüyoruz (yedi daima Kutsal Ruh'un sayısı olarak kullanılmıştır). Vahiy 4:5 Tanrı'nın tahtının önünde Tanrı'nın yedi ruhu olan ve alev alev yanan yedi meşale bulunduğunu söyler.

Şahsen benim anlayışıma göre, Yeşaya kitabındaki bu bölüm bize Tanrı'nın yedi ruhunu açıklıyor. Bunlardan ilki Rab'bin Ruhu'dur: Yani, Tanrı olarak birinci şahısta konuşan Ruh'un kendisi. Ardından da diğerleri çifter çifter sıralanıyor:

Bilgelik ve anlayış ruhu;
Öğüt ve güç ruhu;
Bilgi ve RAB korkusu ruhu.

Bilginin Rab korkusu ile dengelenmesi gerektiğini görmemiz önemlidir (çünkü bilgi böbürlendirir ve Rab korkusu bizi alçakgönüllü tutar). Rab korkusu ruhunun İsa'nın üzerinde olduğunu açıkça görebiliyorum. O Tanrı'nın Oğlu olmasına rağmen Rab korkusuna sahipti ve Rab korkusu O'nun içindeydi. Bu korku O'ndan asla alınmadı.

Rab korkusu hakkında konuşmaya devam edelim: Rab korkusu sevinç yolunda denge oluşturur. Heyecana kapıldığımız zaman Rab korkusunun bizi sıkıca tutması çok önemlidir. Tekrar ediyorum, bence bu Karizmatik hareketin en büyük zayıflıklarından birisidir. İnsanlar heyecanlanıp mutlu oluyor, alkış tutuyor ve dans ediyorlar (ki bu harika bir şey), ancak bunları Rab korkusundan uzak bir şekilde yapıyorlar.

Mezmur 2:11 şöyle diyor:

"RAB'be korkuyla hizmet edin,
Titreyerek sevinin."

Tutarsız gibi görünüyor olabilir, ancak dengeyi oluşturan şey budur. Sevinin, ama titreyerek. Sevinirken aynı zamanda hayranlık da duyun.

Bu konu, Yeni Antlaşma'da Elçilerin İşleri 9: 31'de kilisenin büyümesi açıklanırken de karşımıza çıkar:

"Bütün Yahudiye, Celile ve Samiriye'deki inanlılar topluluğu [ya da kilise] *esenliğe kavuştu. Gelişen* [bina olunan] *ve Rab korkusu içinde yaşayan topluluk Kutsal Ruh'un yardımıyla sayıca büyüyordu."*

Burada da dengeye dikkat edin: Kutsal Ruh bizi teselli edip sevindirir, ancak biz de Rab korkusuyla yaşamalıyız. Cesaretlenebilir ve gelişebiliriz, ancak bunların hepsi Rab korkusuyla dengelenmelidir.

Şöyle diyebilirsiniz: "Tamam da Prince Kardeş; ben kurtuldum, günahlarım bağışlandı. Artık Tanrı'nın bir çocuğuyum. Artık Tanrı'dan korkmam elbette gerekmez." Aksine, sizi kurtarmak için ödediği bedelden dolayı artık O'ndan daha çok korkmalısınız. Bunu 1. Petrus 1:17-19'da görüyoruz:

"Kimseyi kayırmadan, kişiyi [bu sizi ve beni de içeriyor] *yaptıklarına bakarak yargılayan Tanrı'yı Baba diye çağırdığınıza göre, gurbeti andı-*

ran bu dünyadaki zamanınızı [ya da konukluğumuzu] *Tanrı korkusuyla geçirin. Biliyorsunuz ki, atalarınızdan kalma boş yaşayışınızdan altın ya da gümüş gibi geçici şeylerle değil, kusursuz ve lekesiz kuzuyu andıran Mesih'in değerli kanının fidyesiyle kurtuldunuz.''*

Böylece bu dünyadaki zamanımızı korku içinde geçirmemizin sebebi kurtulmuş olmamız gerçeğidir (çünkü Tanrı bize çok büyük bir yatırım yaptı ve bizim borcumuzu Mesih'in kanıyla ödedi) Bu şekilde davranarak, Rab'den korkmayı reddetmek anlamına gelen ciddiyetsizliğe yer vermemiş oluruz.

Koruyucu 4

Dördüncü ve son koruyucu da şu: **Çarmıhı yaşamının merkezine koy ve orada tut.** Bunun için Pavlus'un 1. Korintliler 2:1-5'teki örneğine baktım:

"Kardeşler, Tanrı'yla ilgili bildiriyi [veya sırrı] *duyurmak için size geldiğimde, söz ustalığıyla ya da üstün bilgelikle gelmedim.* [O dönemin kültüründe en üstün başarının etkili ve güzel konuşmak olduğunu göz önünde bulundurmalısınız.

Mükemmel bir konuşmacıysanız önemli biri sayılırdınız. Aksi takdirde büyük olasılıkla hor görülen, önemsenmeyen biri olurdunuz. İşte Pavlus da burada "Söz ustalığıyla... ...gelmedim" derken bir anlamda şunu söylüyordu: "Ben bu kültüre boyun eğmiyorum."] *Aranızdayken, İsa Mesih'ten ve O'nun çarmıha gerilişinden başka hiçbir şey bilmemeye kararlıydım. Size zayıflık ve korku içinde geldim, tir tir titriyordum!"*

Daha önceki toplantılardan birinde Tanrı'nın gücünün güçsüzlükte tamamlandığını anlatmıştım. İhtiyacımız olan gücün tümü kendimizden geliyorsa artık Tanrı'nın gücüne ihtiyaç duymayız. O zaman Tanrı bizi artık hiç gücümüzün kalmadığı bir noktaya taşımak zorunda kalır. Bunu kendi hizmet yaşamımda defalarca gördüm. Tanrı beni belirli bir iş için kullanacaksa, beni o işi tek başıma yapamayacağımı, zayıf olduğumu ve tamamıyla O'na bağımlı olduğumu anlayacağım bir noktaya getirmek durumundadır. Böylece O'nun gücü benim güçsüzlüğümde tamamlanmış olur.

Size bu bağlantıyla ilgili bir şey daha söyleyeyim: Tanrı'ya hizmet etme fırsatlarının standartlarımıza nadiren uygun düştüğünün farkına vardım. Genel konuşmak gerekirse, eğer Tanrı O'na hizmet etmeniz için size bir fırsat verirse, bir şekilde bu sizin rahatınızı kaçıracaktır. Bunun sebebi Tanrı için duyduğunuz isteğin samimiyetini sınamaktır.

Tanrı'nın gücünün yaşamlarımızda, kişisel hizmetimizde ve topluluğumuzda açığa çıkmasını istiyorsak içimizdeki Rab korkusunu geliştirmeliyiz. Bunun için Tanrı'ya ihtiyacımız olduğunu anlayacak bir düşünceyi beslemeli ve tamamıyla O'na bağımlı olduğumuz bilgisinde gelişmeliyiz.

Biraz özel olacak ama her vaazımdan önce Tanrı'ya: "Bende yetenek olmadığını biliyorum. Tamamen sana bağımlıyım. Eğer Sen beni meshetmezsen, eğer Sen bana ilham vermez ve beni güçlendirmezsen ben bunu yapamam" diyorum. Bazen bu duayı etmeyi unutup vaaz vermeye başlıyorum, o zaman da vaazım sırasında zihnimde şöyle diyorum: "Rab, Sana bağımlı olduğumu lütfen hatırla. Ben bu vaazı kendi gücümle veremem."

Pavlus şöyle devam ediyor:

"Sözüm ve bildirim, insan bilgeliğinin ikna edici sözlerine değil, Ruh'un kanıtlayıcı gücüne dayanıyordu. Öyle ki, imanınız insan bilgeliğine değil, Tanrı gücüne dayansın."

Kutsal Ruh'un gücünü serbest bırakmanın yolu çarmıha odaklanmaktır. Bir ilahi şöyle der:

O harikulade çarmıha baktığımda
O çarmıh ki Yücelik Prensi öldü üstünde
En büyük yararı bile zarar sayarım
Ve gururumu ayağımın altına alırım.
Çarmıhı gerçek anlamda gördüğümüz zaman, övünecek hiçbir şeyimiz kalmaz.

İlginçtir ki bir İngiliz tarafından yazılan bu ilahinin özgün hali şöyle idi:

O harikulade çarmıha baktığımda
O çarmıh ki genç Yücelik Prensi öldü üstünde

Yazar bu sözleriyle İsa'nın en güzel zamanında kesilip koparıldığını belirtiyordu. İsa en güzel çağında öldü.

En büyük ihtiyaçlarımızdan birinin çarmıha odaklanmak olduğuna inanıyorum. Büyük bir tutku ile başarı için çabalayan ve büyük bir kilise ya da hizmet yaratmak isteyen pek çok insan gördüm. Bu kişiler bazen başarılı oluyorlar, ancak mesajlarının tamamı çarmıha odaklanmadığı sürece elde ettikleri tek şey tahta, ot ve samandır.

Önceki nesillerden çok iyi bilinen bir İngiliz Baptist vaizi, Charles Spurgeon'ı anımsıyorum. Öğrencilerine sürekli olarak çarmıha odaklanmanın önemi hakkında vurgu yapıyordu. Bir gün şuna benzer bir şey söyledi: "Çarmıhtan hiç söz etmeden Hristiyan hayatının prensipleri üzerine vaaz vermek, bir eğitim çavuşunun ayakları olmayan bir mangaya emirler vermesine benzer. Askerler çavuşun emirlerini duyar ve anlarlar, ancak onları yerine getirecek beceriden yoksundurlar. Şunu unutmayın, Tanrı'nın bizden yapmamızı istediği şeyleri yalnızca çarmıh vasıtasıyla yapabiliriz."

Şimdi tekrar 1. Korintliler 2. bölümün ilk beş ayetine dönelim. Bunlar her zaman en gözde ayetlerimin arasında olmuştur, çünkü ben geçmişinde egemen bir Eski Yunan felsefesi etkisi olan biriyken Rab'be geldim. Pavlus burada bilgelikle ilgili olarak konuşurken Eski Yunan felsefesinden bahseder, bu yüzden sanırım onun bilgelikle ilgili olarak söylediği şeylerin etkisini ayrıntılı olarak kavrayacak beceriye sahibim.

Pavlus'un müjde gezilerinin belli bir kısmını anlatan bu ayetleri okurken onları iyi anlamalıyız. Elçilerin İşleri 17. bölümde Pavlus'un eski dünyanın düşünsel merkezi ve üniversite kenti olan Atina'da olduğunu okuyoruz. Pavlus Atina'da öyle bir vaaz vermiştir ki, böylesi Kutsal Kitap'ın başka hiçbir yerinde görülmez. Vaazı bir dereceye kadar entelektüel bir vaazdı. Kendisini dinleyicilerine adapte etti ve hatta Grek bir şairden alıntı da yaptı (bunu başka bir yerde daha yaptığını sanmıyorum). Pavlus'un o anda gerçekten de Kutsal Ruh tarafından yönlendirilip yönlendirilmediğini merak etmiyor değilim. Her nasılsa sonuç oldukça üzücüydü. Yalnızca birkaç kişi iman etmişti.

Sonra Pavlus Korint'e gitti. Korint bir liman kentiydi, günümüz dünyasındaki en büyük liman kentlerine benziyordu (ancak bununla beraber bu kent her tür günahın var olduğu ahlaksız ve çok kötü bir yerdi). Atina ile Korint arasında bir yerlerde Pavlus şu ayetlerde gördüğümüz bir karar verdi:

"Kardeşler, Tanrı'yla ilgili bildiriyi duyurmak için size geldiğimde, söz ustalığıyla ya da üstün bilgelikle gelmedim. Aranızdayken, İsa Mesih'ten ve O'nun çarmıha gerilişinden başka hiçbir şey bilmemeye kararlıydım. Size zayıflık ve korku içinde geldim, tir tir titriyordum! Sözüm ve bildirim, insan bilgeliğinin ikna edici sözlerine değil, Ruh'un kanıtlayıcı gücüne dayanıyordu. Öyle ki, imanınız insan bilgeliğine değil, Tanrı gücüne dayansın."

Pavlus devrim niteliğinde bir karar vermişti. Korint'e vardığında Atina'da verdiğine benzer bir vaaz vermeyecekti. Burada söylediği şey, bir Yahudi için, oldukça dikkat çekici bir şeydir. Ne demişti?: *"Başka hiçbir şey bilmemeye kararlıydım."* Esasen Yahudiler çok fazla şey bilen ve çoğunlukla da güvenleri bildikleri şeylerde olan insanlardır.

Ne büyüleyici bir ifade! "Başka hiçbir şey bilmemeye kararlıydım. Gamaliel'in dizinin dibinde bütün o çalışmalarımda öğrendiğim her şeyi unutacağım (her şeyi unutmak)! Artık yalnızca bir tek şey ile ilgileniyorum: İsa Mesih (ve yalnızca İsa Mesih ile değil, çarmıha gerilmiş İsa Mesih ile) benim bildirimin merkezi ve odak noktası artık budur." Ben bunun bizim bildirimizin de (mesajımızın) merkezi ve odak noktası olması gerektiğine inanıyorum. Eğer bildirimizin merkezi olan çarmıhtan uzaklaşırsak tehlikedeyiz demektir.

Pavlus'un burada Kutsal Ruh'un kendisini göstermesini ve gücünün açığa çıkmasını umduğunu görüyorum. Gördüğüm kadarıyla günümüz kiliselerinde güç hakkında vaaz verdiğiniz zaman herkes heyecanlanıyor (ve güç kuşanmak isteyen kişilere bunu sunduğunuz zaman birçoğu öne çıkacaktır). Şahsen, güç üzerinde bu denli fazla durulmasının aşırı derecede tehlikeli olabileceğine inanıyorum. Hatırı sayılır yıllar boyunca güce odaklanan kişilerin sonunun kötü olduğunu gördüm. Bu kişilerin akıbeti genelde bir yanlışa düşmekle sonuçlanır.

Güç doğal kişiye cazip gelen bir şeydir. Kimi psikologlar, güç arzusunun insan kişiliğinin bir numaralı arzusu olduğunu belirtmişlerdir. Pavlus da şöyle der: *"Güç istiyorum, ancak bu gücü dünyanın anladığından daha farklı bir esasa dayanarak edinmek istiyorum. Bütün bilgeliğimi, bilgimi, ilahiyat konusundaki tüm becerilerimi unutmak istiyor ve yalnızca bir tek şeye odaklanmak istiyorum: Çarmıha gerilmiş İsa Mesih."* Ardından da Pavlus aslında şu anlama gelen bir şey söylüyor: *"Bunu yaptığımda, Kutsal Ruh'un güçlü bir şekilde geleceğinden emin olabilirim."*

Bu bölümü çok sevdiğim ayetlerden biriyle kapatacağım; Galatyalılar 6:14:

"Bana gelince, Rabbimiz İsa Mesih'in çarmıhından başka bir şeyle asla övünmem. O'nun çarmıhı aracılığıyla dünya benim için ölüdür, ben de dünya için."

Bahsettiğim bu dört koruyucuyu tekrarlamama izin verin:

1 Numara: **Kendimizi alçaltmak**. Okuduğumuz o bölümde Petrus şöyle diyordu: *"Düşmanınız İblis kükreyen aslan gibi yutacak birini arayarak dolaşıyor"* (1. Petrus 5:8). Şeytan çok güçlü ve

etkindir. Size bundan başka bir şey söyleyen herhangi bir öğreti aldatmacadır.

Dün akşam bunun üzerinde derin derin düşünüyordum. Varsayalım, bir aslanın bu otelin giriş katında serbest kaldığı ve bu yüzden kaçmak zorunda olduğunuzu söyleyen bir anons yapıldı. Otelin lobisinde neşeli bir şarkının nakaratını mırıldanarak bir gezintiye çıkmış gibi yürüyeceğinizi hiç sanmıyorum. Aksine oradan çıkmak ve arkanızdan kapıyı kapatmak için çok dikkatli davranırdınız.

Bunun yaşamımızı ne şekilde yönlendirmemiz gerektiğine dair bir tablo çizdiğine inanıyorum; çünkü düşmanımız Şeytan, kükreyen bir aslan gibi **dolaşıyor**. Bunu değiştiremeyiz. Aslanların neden kükrediğini biliyor musunuz? Avlarını dehşete düşürmek ve onları felce uğratmak için. Bu yüzden aslanın kükremesinin sizi felce uğratmasına izin vermeyin. Çok dikkat edin, ama korkuya boyun eğmeyin.

2 Numara: **Gerçeğin sevgisini kabul edin.**
3 Numara: **İçinizde Rab korkusu geliştirin.**
4 Numara: **Çarmıhı yaşamınızın merkezine koyun ve orada tutun.**

Son olarak, Galatyalılar 6:14'ü birlikte okuyalım. Hepinizin ezbere bilmenizi beklemiyorum, bu yüzden ayetleri parça parça söyleyeceğim ve siz de benden sonra tekrarlayın.

Bana gelince, Rabbimiz İsa Mesih'in çarmıhından / başka bir şeyle asla övünmem / O'nun çarmıhı aracılığıyla dünya benim için ölüdür / ben de dünya için. Amin.

YAZAR HAKKINDA

Derek Prince (1915-2003) Hindistan'ın Bangalore eyaletinde, İngiliz ordusuna bağlı asker kökenli bir ailede doğdu. İngiltere'de Eton Lisesi ve Cambridge Üniversitesi'nde ve daha sonra İsrail'deki İbrani Üniversitesi'nde klasik diller (Yunanca, Latince, İbranice ve Aramice) konusunda araştırmacı olarak eğitim aldı. Öğrencilik yıllarında sıkı bir felsefeciydi ve kendini ateist olarak ilan etmişti. Cambridge'deki King's Lisesi'nde antik ve modern felsefe derslerini başlattı.

İkinci Dünya Savaşı sırasında, İngiliz Sıhhiye Kolordusu'ndayken, Prince bir felsefe çalışması olarak Kutsal Kitap okumaya başladı. İsa Mesih'le yaşadığı güçlü birlikteliğin dönüşümüyle, birkaç gün sonra Kutsal Ruh'la vaftiz oldu. Bu yaşam değiştiren tecrübenin tüm hayatına işlemesiyle kendini Kutsal Kitap çalışmaya ve öğretmeye adadı.

1945'te Kudüs'te ordudan ayrılıp oradaki çocuk evinin kurucusu olan Lydia Christensen'le evlendi. Evliliğinde, Lyda'nın evlat edinilmiş sekiz kız çocu-

ğunun da (altısı Yahudi, biri Filistin'li Arap, biri de İngiliz) babası oldu. Ailece İsrail devletinin 1948'de yeniden doğuşunu gördüler. 1950'lerin sonunda Kenya'daki bir lisede müdürlük yaparken, başka bir kız çocuğu daha evlat edindi.

Prince 1963 yılında Amerika Birleşik Devletleri'ne göç etti ve Seattle'da bir kilisede pastörlük yapmaya başladı. John F. Kennedy'nin katledilmesinin de etkisiyle Prince, Amerikalılara kendi ulusları için Tanrı'nın önünde nasıl aracılık etmeleri gerektiğini öğretmeye başladı. 1973'de Amerika İçin Dua Eden Aracılar'ın kurucularından biri oldu. Dua ve Oruçla Tarihi Şekillendirmek adlı kitabıyla dünyanın dört bir yanındaki Hristiyanları kendi hükümetleri için dua etme sorumluluğu konusunda uyandırdı. Birçoklarına göre bu kitabın el altından yapılan gizli çevirileri SSCB, Doğu Almanya ve Çekoslovakya'daki komünist rejimlerin yıkılmasında etkin bir rol oynadı.

Lydia Prince 1975'de öldü ve Derek 1978'de Ruth Baker'la (evlat edindiği üç çocuğa annelik yapan bekar bir kadın) evlendi. İlk eşine rastladığı Kudüs'te Rab'be hizmet ederken ikinci eşiyle tanıştı. 1981'den Ruth'un öldüğü 1998 Aralık ayına kadar Kudüs'te beraber yaşadılar.

2003 yılında 88 yaşındayken hayata gözlerini kapamasından birkaç yıl öncesine kadar Tanrı'nın onu çağırdığı hizmetlerde çalışmaya devam etti. Tanrı'nın açıkladığı gerçekleri duyurmak için dünyanın dört yanına seyahat etti, hastalar ve cinliler için dua etti ve Kutsal Kitap'ın ışığında dünyadaki olaylarla ilgili peygamberliklerde bulundu. Yazdığı elliden fazla kitap, altmıştan fazla dile çevrilerek tüm dünyaya dağıtıldı. Nesilden nesle geçen lanetler, İsrail'in müjdesel önemi ve demonoloji (Şeytan bilimi) gibi çığır açan konulardaki öğretilere öncülük etti.

Uluslararası merkezi North Carolina Charlotte'da bulunan Derek Prince Hizmetleri, dünyaya yayılmış şubeleriyle öğretilerini yaymaya ve hizmetkârlar, kilise liderleri ve cemaatler için eğitim vermeye devam etmektedir. Başarılı Yaşamın Anahtarları (şimdilerde Derek Prince'in Mirası Radyosu diye anılıyor) adlı radyo programı 1979'da başladı ve bir düzineden fazla lisana tercüme edildi. Tahminlere göre Prince'in açık, mezhepsel olmayan Kutsal Kitap öğretileri dünyanın yarısından fazlasına ulaştı.

Dünyaca tanınan bir Kutsal Kitap araştırmacısı ve ruhsal bir lider olarak Derek Prince, altı kıtada yetmiş yıldan fazla öğretti ve hizmet verdi. 2002'de şöyle demişti: "Benim (ve inanıyorum ki Rab'bin de) isteğim, altmış yılı aşkın bir süredir Tanrı'nın benim aracılığımla başlattığı bu hizmetin yaptığı işe İsa dönene kadar devam etmesidir."